# Atemlose Liebe

KANAN MINAMI

1



TOKYOPOP®

# KAPITEL 1

Willkommen!

Hallo mal wieder beziehungsweise schön, euch kennenzulernen! Ich bin Kanan Minami!!

Endlich, endlich ist *Atemlose Liebe* erschienen!!! Kyaah! Ich hatte schon befürchtet, das wird nichts mehr ... Die Arbeit an diesem Band wollte einfach kein Ende nehmen ...

Übrigens war ich beim Zeichnen der Farbillu für das Cover ganz schön nervös. Immerhin ist dies Band 1 und das Titelcover sozusagen das Gesicht der Serie ...! Ich habe zwar schon häufiger Blasen gezeichnet, aber diesmal habe ich alles gegeben, um sie noch **blasiger** zu machen ... Ich habe voller Herzklopfen auf das Coverdesign gewartet, das über die Illustration gelegt wird ... und dann ... bekam ich diesen wahnsinnig coolen Entwurf!! »Kyah! Seht euch das an!«, hab ich gerufen. Herzlichen Dank an Frau Kuroki für das tolle Design!!

Beim Cover des ersten Bandes von *Zu jung für die Liebe?* habe ich damals auch vor lauter Begeisterung nur »Wiesüüüß!« gerufen ... Das Titellogo trifft übrigens auch voll meinen Geschmack ...!!

Während ich am Entwurf der Geschichte arbeitete, waren gerade lange Titel in Mode. Auch bei meinen Serien *3, 2, 1 ... Liebe!** und *Zu jung für die Liebe?*** kann man diesen Trend beobachten. Also dachte ich, dass ich dieses Mal gern etwas Kurzes, Knackiges hätte, deshalb haben wir uns für *Atemlose Liebe**** entschieden. Das lässt sich gut sagen und schreiben. (*lach*) Der Untertitel *Das Wunder der Liebe in einem leeren Klassenzimmer nach Schulschluss* stand ursprünglich als Titel zur Diskussion. Aber das wäre in der Tat etwas zu lang gewesen.

Meine letzte Serie *Zu jung für die Liebe?* hatte ja ein recht eigentümliches Konzept. Da *Atemlose Liebe* jedoch in der *Sho-Comi* als Serie erscheint, habe ich mir überlegt, mich wieder mal an einem ganz gewöhnlichen Schul- oder Internats-Setting zu versuchen. Allerdings liegt meine Highschool-Zeit inzwischen so lange zurück, dass ich mich mental bereits sehr weit davon entfernt habe ... (*schwitz*) Damit habe ich wirklich zu kämpfen. Um meine Motivation für die Arbeit an der Serie zu steigern und auch, um sie den Lesern ans Herz wachsen zu lassen, habe ich den Namen der männlichen Hauptfigur von Kentaro Kobayashi vom japanischen Comedy-Duo Rahmens stibitzt, das ich schon lange liebe und verehre ... So etwas habe ich vorher noch nie gemacht! Allerdings nennt die Heldin der Geschichte ihn immer nur »Nanase« ...

*jap. Titel: *Kyo, koi o hajimemasu* **jap. Titel: *Miseinen dakedo kodomo ja nai* ***jap. Titel: *Awa-koi*

Atemlose
Liebe
KANAN MINAMI
1

# INHALT

Bitte ...
... zerplatze nicht irgend-wann wie eine zarte Seifenbla-se, die im Nichts verschwindet.
Einer Liebe wie dieser be-gegne ich be-stimmt kein zweites Mal!

Dieser Sommer wird süß
Beliebte Fashion Brands
Die Bikinis der Saison
Waas?!
Ihr habt euch schon wieder getrennt?!
Jetzt schrei doch nicht so, Yuka.
Sorry ...?
Aber wart ihr nicht erst seit einer Woche zusammen?!
Tuschel
Dass der Typ einfach einpennt, ohne mir vorher am Telefon Gute Nacht zu sagen, geht einfach gar nicht.
Nur deshalb ...?!
Stimmt, da würde ich mich auch trennen ...

*Gruppen-Blind-Date

Mein allererstes Gokon!!!
Kaum war ich auf der Highschool ...
... brachte mein zwei Jahre jüngerer Bruder zum ersten Mal eine Freundin mit nach Hause.
2. Jahr Mittelschule*
Ich wäre vor Schock fast umgekippt.
*entspricht der 8. Klasse
Bis dahin hatte niemand in meinem Umfeld eine Beziehung.
Liebe kam mir gar nicht real vor.
Ab jenem Tag jedoch ...
... sah ich überall nur noch Pärchen.
Und so ist auch in mir der Wunsch nach einem Freund gewachsen.
Ich habe mich dafür verflucht, eine Highschool mit nach Geschlechtern getrennten Klassen gewählt zu haben ...
Klasse 5 (Ausnahme) Gemischte Klasse
Klassen 1–4 Jungenklassen
Klassen 6–9 Mädchenklassen
Deshalb ist es im Unterricht wie auf einer Mädchenschule.

Mit dem festen Entschluss, mir einen Freund zu angeln ...
Wie werde ich populär?
So findest du einen Freund!
Häng mit beliebten Mädchen ab!!
Hör auf, diese Mädchen zu beneiden! Beliebte Mädchen = Attraktive Mädchen. Freunde dich mit ihnen an und schau dir ab, wie du das Beste aus dir machen kannst ♡
... habe ich alles getan ...
... um mich mit Ri-riko und ihrer Cli-que anzufreunden, den populärsten Mädchen unseres Jahrgangs.
»Sagt mal ... Darf ich mit euch zu Mittag essen?!«
Und jetzt habe ich endlich ein Gokon ...!
Es stimmt also tatsächlich, dass sich die eigenen Chancen erhöhen, wenn man mit beliebten Mädchen abhängt ...!
Äh ... Du kannst aber nicht mit, Yuka!
Was ...?!
Führst du nicht eine Fernbeziehung mit deinem Sandkastenfreund?
Ah!

*leichter Sommerkimono

Ja! Du hast recht!
Kyaah!
Wollen wir alle im gleichen Yukata gehen?
Kyaah!
Super Idee! Das macht richtig Eindruck!
Nicht Zwillingslook, sondern Vierlingslook!
Wollen die jetzt alle Yukata kaufen gehen?! D... Das sind locker 20.000 Yen* pro Person ...!!
*ca. 200 Euro
Ruck
Dann lasst uns gleich shoppen gehen!
Ob die viermal das gleiche Muster haben ...?
Yuka?
Wo bleibst du denn?
I... Ich muss heute früher nach Hause ...!
Ich kauf meinen Yukata später, okay?

503
Makino
Mhmm, das tut gut ...
Tut mir leid, dass ich dich die ganze Arbeit machen lasse, Yuka.
Klopf
Klopf
Klopf
Klopf
Ach was, Mama! Gönn dir auch mal eine Pau-se!
übri-gens ...
... Ma-ma ...

Ich hätte da eine kleine Bitte ...
Für so was haben wir kein Geld.
Ich hab doch noch gar nichts gesagt ...!
Du hilfst doch immer nur zu Hause, wenn ich dir was kaufen soll!
Schlürf
Jetzt hör mal ...
FLAPP
Ich bin jetzt auf der Highschool. Da kann ich kein Goldfischmuster mehr tragen ...
Damit ...
... falle ich doch total aus der Reihe!
Bitte kauf mir einen neuen Yukata ...!
Ich helfe ab jetzt auch jeden Tag!
Hast du dir das Muster nicht selbst ausgesucht?
»Ich liebe Goldfische! Den werde ich auch noch tragen, wenn ich erwachsen bin!«
Weißt du, wie teuer dieser Yukata damals war?!
Ugh ...

*Teigbällchen mit Oktopusstückchen

**gebratene Nudeln

Entschuldigt, dass ihr warten musstet ...
Uwah ...
Sie haben echt alle das Gleiche an ...
Woher haben die bloß so viel Geld ...?
Nanu? Wo ist dein Yukata ...?
Ach ... Der war schon ausverkauft ...
Also musste ich meinen alten anziehen!
Ach so, wie schade ...
Das Goldfischmuster macht mich ganz nostalgisch!
So einen hatte ich im Kindergarten auch ...
Ha ha ha!
Ich auch.
Ich hab mich heulend geweigert, ihn anzuziehen.
SCHOCK
BLUSH
I... Ich glaub, ich geh doch lieber nach Hau...

Yuka!
Hier, das tragen wir alle!
Das Muster des Yukata ist doch egal.
Das Zeichen unserer Freundschaft ist schließlich unser Freundschaftsarmband ...
Mh!
Stimmt!
Auf dass unser Gokon für alle gut läuft!
Lasst uns einander unterstützen!

Ririko ...
Ja ...!
Hey, Mädels! Freut mich. Ich bin Ishii aus der 1-1.
Ich bin Nakamura aus der 1-3.
Ich bin auch in der 1-3. Ich bin Shimizu. Lasst uns Spaß haben heute.
Murmel
Poch
Poch
Poch
Hm?! Den Letzten hab ich null verstanden!
Ähm ...
Ich heiße Yuka Makino.
Ich bin Ririko!
Natsumi!
Und ich Haruna. Wir sind alle in der 1-7!

Flüster Flüster
Na? Sehen die nicht alle voll gut aus? ♡
Ja! Da werd ich ja ganz nervös …!
TAPP
Sag mal, Nakamura …
Crepes
TAPP
Ihr habt alle so süße Yukata an …
Poch Poch
Worüber rede ich am besten?!
TAPP
Allein
Jetzt hab ich den abgekriegt, den ich am wenigsten wollte …!!
A… Aber davon darf man sich bei einem Gokon nicht entmutigen lassen!
So gelingt das Gokon
Sei auch freundlich zu dem Jungen, der dich nicht interessiert! Vielleicht hat er attraktive Freunde! ♡

Äh ...
Dadurch, dass Jungs und Mädchen bei uns getrennt sind, bekommt man kaum was voneinander mit, was?
Die Einschulungsfeier ist jetzt schon vier Monate her, und ich hab noch immer keinen einzigen männlichen Freund ...
Mh ...
Wie, das war's schon?!
»Mh« ...?!
Stille
Nicht aufgeben, Yuka! Nächstes Thema ...!!
PLAPPER
Ah ...! Vorhin, als wir uns vorgestellt haben, hab ich deinen Namen und deine Klasse nicht ganz verstanden!
Könntest du's noch mal wiederholen?!
Ich stell mich auch noch mal vor, ja? Ich bin Yuka Ma...
PLAPPER
PLAPPER
Hör mal ...

Eigentlich willst du doch gar nichts von mir.
Warum willst du dich dann unbedingt mit mir unterhalten?
So was find ich echt ätzend.
Was ...?!
Woher weiß er das?!
Bin ich so einfach zu durchschauen ...?!
D...
Das ist gar n...
Panik
Panik
Ah ...
Von hier aus kommt man zum Bahnhof.
Gehst du auch nach Hause?

Was ...?
Unser Date hat doch noch keine fünf Minuten gedauert. Warum willst du schon nach Hause ...?
Es ist doch offensichtlich, dass ich nur hier bin, damit es zahlenmäßig aufgeht.
Als die übriggebliebenen müssen wir uns hier nicht bis zum Ende quälen.
EIS
300
Auf mich trifft das zwar auch zu ...
... aber du fällst neben den drei anderen ja wohl total aus der Reihe.

Sagst du das ... weil ich einen anderen Yukata anhab ...?
Ist das Goldfischmuster denn so seltsam ...?
Das meine ich n...
Was wollt ihr eigentlich alle ...?!
Dieser Yukata ist süß ...!
Ich liebe Goldfische nun mal!
Das ist der erste Yukata, den ich mir selbst aussuchen durfte. Meine Mutter hat ihn mir gekauft, und seitdem hab ich ihn immer gern getragen!!
Wenn du nach Hause willst, dann geh doch!
Ich bleib bis ganz zum Schluss ...!
Was ist das?
Und was soll das?
Was ist denn hier bloß los ...?!

Heute geht bei mir echt alles schief ...!
Was ...?
ZIEH
Hey ...! Was ...
W... W... Was wird das?!
Wo will er mit mir hin?!
Ich werde doch jetzt hoffentlich nicht in irgendein Verbrechen verwickelt ...?!
Ich hab Angst!

WUPP
Was sollte denn das je...
POCH
POCH
Sollte ich dir zu nahe getreten sein, entschuldige ich mich dafür.
Mh!
angeln
Ich hab mich vorhin blöd ausgedrückt, als ich gesagt hab, dass du aus der Reihe fällst ...
Was ...?

Als ich gesehen hab, dass die anderen drei alle exakt das Gleiche anhaben ...
... ist mir echt übel geworden.
Und du hast daneben ausgesehen, als wolltest du dich ihnen mit Gewalt anpassen.
POCH
Es ist eine gute Sache, wenn man etwas lange in Ehren hält, das man von seinen Eltern geschenkt bekommen hat.
Und, na ja ... Der Yukata steht dir ...

Wenn du Goldfische so liebst, macht es dir bestimmt auch Spaß, welche zu fischen, oder?
Geht auf mich, als Wiedergutmachung ...
Was ...?!
E... Er ist zwar seltsam ...
... aber ...
... ein schlechter Kerl scheint er nicht zu sein ...
Hock
Mit den Goldfischen hast du völlig recht!
Aber ...
KLATSCH
... es stimmt nicht, dass ich mich momentan dazu zwinge, Ririkos Freundin zu sein.

Nanu ...?
Und vorbei.
Das war leider nichts, junge Dame.
Boah, bist du schlecht ...
Du solltest zurücknehmen, dass du Goldfische liebst ...!
ZUCK
Was hat denn das eine mit dem anderen zu tun?!
Mach's doch erst mal besser!
Na los! Geht auf mich!!
Blush
Ich hab's nicht so mit Goldfischfischen ...
Du kannst das doch bestimmt ganz toll!!
Mach schon!
Von mir aus ...
Aber du musst die Goldfische, die ich fange, danach alle mit nach Hause nehmen, klar?
Seufz

SPLASH
SPLASH
SPLASH
SPLASH

Ich fass es nicht ...!!
Wie viele hast du denn schon gefangen?!
Dass das nicht dein Ding ist, war ja wohl gelogen ...!
Na ja, nur der Moment des Fischens macht Spaß.
Die Fische sterben zu Hause sowieso gleich.
Je mehr man fängt, desto mehr hat man hinterher auf dem Gewissen ...
Darum ... ist es nicht mein Ding.
Oh ...
Hier.
Die alle zu beerdigen, wird ein ganz schöner Aufwand.

W... Was sagst du denn da ...?
Goldfische haben eine sehr hohe Lebenserwartung!
Hier, sieh doch! Das ist mein Kleiner.
Klein hin oder her ...
Das ist eindeutig ...
... ein Steinkarpfen.
Quatsch! Unser Kleiner ist unser ältester Goldfisch!!
Den haben wir bestimmt schon über zehn Jahre ...
Aber der ist doch gar nicht orange ...
Wenn sie größer werden, dehnt sich die Haut und die Farbe wird blasser!
Unser Kleiner war anfangs auch nur etwa so groß.
Zappel
Zappel
Mit bloßen Händen ...?!

Nie-mals ... Glaub ich nicht ...
Sie hat aber recht!
Wenn man Goldfische artgerecht hält, werden sie groß und rich-tig alt!
Ich hab zu Hause welche, die sind so groß wie Kois.
Waas?! Das ist ja Wahn-sinn!
Deiner ist aber auch recht statt-lich, junge Dame ...
Finden Sie?
Dann sind die Gold-fische al-so gar nicht von selbst gestor-ben ...
... sondern ich hab sie sterben lassen ...
Bitte verzeiht mir ...
Ent-schuldigt er sich bei den Fischen ...?!

Danke ...
Dank dir weiß ich es jetzt.

SCHÜTT
Hä?! Mom...
Die Fische! Die Fische fallen raus ...!
H... Hat er etwa gerade gelächelt ...?
Jetzt ist die Hälfte weg ...
Zwar nur ganz leicht, aber das war ein Lächeln, oder?
Seltsam ...
Obwohl es nur ganz kurz war ...
... hat sich mir die Brust zugeschnürt ...
Das sind zu viele Goldfische. Soll ich sie in zwei Tüten aufteilen?
Oh, Verzeihung!
Könnten sie vielleicht vier Tüten daraus machen?

Vier ...?
Ja, dann sind es zwei Fische pro Tüte, als Mitbringsel für Ririko und die anderen.
Weißt du ...
Du hattest recht. Ich hab mich mit Gewalt in Ririkos Clique gedrängt, obwohl ich wusste, dass ich dort nicht reinpasse.
Aber jetzt bin ich wirklich gut mit ihnen allen befreundet ...
Auch dieses Gummiband mit der Schleife, das wir alle tragen ...
Das hat Ririko vorgeschlagen ...
... als ich noch ganz neu in der Gruppe war ...
Sie ist echt süß, sehr aufmerksam ...
... beliebt bei den Jungs ...
Ich bewundere sie, weißt du?
Hier, junge Dame!
Vielen Dank!

Hi hi, wie süß! ♡
Hoffentlich freuen sich die anderen auch ...
KNIPS

Okc
Hm? Hast du gerade fotografiert?
Ja ... die Goldfische ...
D... Du hättest bestimmt lieber ein Foto von dem ganzen Haufen machen wollen, bevor ich die Hälfte ausgekippt hab.
Tut mir leid ...!
Schon gut ...
*Reiscracker
Wie auch immer ... Wie sollen wir in dem Gewimmel bloß Ririko und die anderen wiederfinden ...?
Können wir nicht einfach nach Hause gehen ...?
Nein, können wir nicht!
Ah! Yuka!!

Mann, wo warst du denn? Wir haben uns Sorgen gemacht!
Tut mir leid, Ririko ...
Gleich mit ihm abzuhauen ... Du gehst ja ganz schön ran!
Raun
S... So war das gar nicht!
Raun
Ist ja auch egal. Seht mal!!
Wir hatten so vie-le ...
... also dachte ich, wir könnten teilen ...
Äh ... will sie uns jetzt wirklich von ihren Gold-fischen ab-geben?
Nee, oder? Das ist ja total dane-ben.
Äh ... Was ...?
Du kannst doch nicht einfach so Lebewesen verschen-ken.
So was macht man doch nicht!
Oh ...

Ha ha ha! Auch wieder wahr!
Ich dachte nur, wenn ich vorschlage, dass wir als Symbol unserer Freundschaft alle Goldfische halten, macht ihr bestimmt große Augen!
Aber wer will schon Goldfische ...?!
Davon mal abgesehen sind echte Goldfische vor einem Yukata mit Goldfischmuster bares Gold wert!
Darf ich das auf Twitter hochladen?
Äh ...
Hey!
Mach dich gefälligst nicht über meine Freundin lustig!
Übrigens, Yuka, was den Rest des Abends angeht ...
Ach ja! Was machen wir denn jetzt Schönes zusammen?!
Nicht zusammen. Es passt doch heute bei uns allen so gut.
Deshalb haben wir beschlossen, pärchenweise was zu unternehmen.
Ist das okay? Ihr scheint euch doch auch gut zu verstehen.

Was ...?!
Dann ist das Gokon also schon vorbei?
Klar ...! Natürlich, voll okay!
Hast du gehört? Das Date ist zu Ende ...
So ein Glück, was?
Du wolltest doch schon die ganze Zeit nach Hause ...
Ich geh dann auch mal ...
Die Goldfische müssen auch schnell in ein richtiges Glas ...

TAPP
Ich hätte nicht damit gerechnet ...
... dass ich am Ende allein und enttäuscht im Regen stehe.
Damit hab ich nicht gerechnet.
So ein Go-kon ist ganz schön kompliziert ...
Ich dachte, dass man dort ganz leicht einen Freund findet, wenn man erst mal zu einem eingeladen ist.
JR
滝宮駅
TAKIMIYA STATION
4

Was sind denn das für Menschenmassen ...?!
Ich glaub nicht, dass ich heute lebend nach Hause komme ...
TRAMPEL
Autsch ...!
Aua ...!
...!
Ich hab so die Nase voll ...
REMPEL
Kyah ...!
Ah ...!

Mh!
Noch mal gut gegangen.
Wieso bist du ...
Ich muss dieselbe Linie nehmen.
Reiner Zufall.
BLUSH
Ich bilde mir schon nicht ein, dass du meinetwegen hier bist ...!

Klimatisierte Wagen
Bitte nicht drängeln! Warten Sie auf die nächste Bahn!
Klimatisierter Wagen
Willst du nicht einsteigen? Die nächste Bahn ist garantiert genauso voll.
Ich hab Angst, dass die Fische zerquetscht werden ... Ich warte lieber, bis es etwas leerer wird.
DRÄNGEL
Hoppla!
Vorsicht, die Türen schlie-ßen!
TRILLER

PFSCHH
Wer weiß, wie lange du warten musst, bis die Massen weniger werden.
Gatang
Gatang
Du willst die Fische doch schnell aus der Tüte befreien, oder?
J... Ja, schon ...
Was wird das hier ...?!

Wo musst du raus?
Nicht so nah ...!
I... In Kazuura ...
Richtung Ofuna
Kazuura
Ausstieg auf der gegenüberliegenden Seite
Das wird wohl nichts. Die Türen gehen auf der anderen Seite auf ...
Was ...?
Ach Mann ... Also gut, was soll's ...
PACK
Entschuldigung!
Wir müssen hier raus!
Entschuldigung!

Bahnhof Kazuura
Oh Mann ... Ich hätte nicht gedacht, dass es so voll wird ...
Ein Bekannter von mir hat sich in einer vollen Bahn mal 'nen Knochenbruch zugezogen.
Nach einem Straßenfest wie heute.
Was?!
Zum Glück wurde mir nur auf den Fuß getreten ...
Hey ...! Danke, dass du mich geschützt hast ...!
Es war gar nicht meine Absicht, dich zu schützen.
Ich weiß.
Danke, dass du die Goldfische beschützt hast!

Die Fische können sich wirklich glücklich schätzen ...!
Ich bin froh ...
... dass sie nun doch alle zu dir nach Hause kommen.

Also dann ...
Äh ... Die Ticket-schranke ist doch hier drü-ben!
Meine Station war die davor.

Das ...
Das war alles andere als ein enttäuschendes Gokon.
Ich bin jemandem begegnet, den ich besser kennenlernen möchte.
Oh!
Ich hab vergessen, ihn nach seinen Kontaktdaten zu fra...
Moment! Ich weiß ja nicht mal seinen Namen!
Soll ich ihm nachlaufen ?!
Aber wir gehen ja auf dieselbe Schule, also sollte es kein Problem sein, ihn zu finden ...
Ja ...
Ich werde ihn um jeden Preis finden!

Hallo ...?
Ja ...
Ich hab sie eben abgeliefert.
Ich hab sie von der Gruppe getrennt und bis zu ihrer Station gebracht, wie vereinbart.
Also vergiss nicht die Bezahlung nach den Ferien!
Was für eine blauäugige Tussi ...

Der will ich echt nicht noch mal begegnen ...
Zum ersten Mal kann ich das Ende der Sommerferien kaum erwarten.

Denn nach den Ferien bahnt sich die größte Liebe meines bisherigen Lebens an.
Ganz bestimmt!

KAPITEL 2

Kapitel 1. Zusammen mit den Farbseiten am Anfang* sind es 50 Seiten. Ich habe schon ewig kein so langes Startkapitel mehr gezeichnet, nicht mal, als ich noch allein gelebt habe. Wieso dann ausgerechnet jetzt, wo ich auch noch mit der Kindererziehung beschäftigt bin ...? Während der Vorbesprechungen mit meinem Verlag denke ich immer, dass ich das schon irgendwie schaffe ... Aber deshalb ? war das Manuskript für die Vorveröffentlichung in der Sho-Comi bereits ab Kapitel 1 voller weißer Flächen ... Uwah ... Und dass Kentaro in Wirklichkeit glänzend schwarze Haare hat, wird auch zum ersten Mal hier, in Kapitel 1, enthüllt ...! (Im Magazin kam es erst in Kapitel 6 raus, das kurz vor diesem Buch in den Handel kam.) Zuletzt sah man die Haare auf den Bildern der Vorankündigung für die Serie. Selbiges gilt für die anderen Schüler. Hier im Buch haben sie unterschiedliche Haarfarben ... Auch Ririko ... Bitte entschuldigt ... Besonders die Szene, in der Kentaro die Goldfische fängt, ist mir beim Zeichnen von Kapitel 1 schwergefallen. Ich weiß nicht, warum, aber sein enormes Geschick beim Fischen brachte mich unwillkürlich zum Lachen ... Und natürlich auch die Blasen auf der Titelseite! Die hat meine Assistentin fantastisch hinbekommen! Ich bin ganz begeistert! Ich würde gern so eine Rasterfolie kaufen können, die aussieht wie das, was sie zurechtgeschnitten hat!!

Diese Kolumnen enthalten Spoiler, lest sie also besser erst hinterher!

*bezieht sich auf die Veröffentlichung im jap. Magazin

Ab hier beginnen die Jungenklassen
Es kostet ganz schön viel Überwindung, ohne triftigen Grund im Flur vor den Klassenzimmern der Jungs herumzuspazieren ...
Beim Gokon habe ich weder seinen Namen noch seine Klasse verstanden ...
Warum hat eigentlich keiner nachgefragt ...?
Lunger
Lunger
Die Schule hat schon vor einer Woche wieder angefangen, doch er ist mir noch kein einziges Mal über den Weg gelaufen ...
Ich kann doch nicht auf gut Glück in alle Klassenräume gucken!
ぽん
PATT
Yuka! Guten Morgen!
Kyah!!
Was willst du denn schon am frühen Morgen bei den Jungs?
Poch
Äh ... I... Ich wollte nachsehen, ob die Jungs vom Gokon wirklich auf unserer Schule sind ...
Poch
Was? Natürlich sind sie das!

Ach ja, richtig!!
Wie war noch mal der Name deines Dates? Ishii ...?
Besuchst du ihn manchmal im Klassenzimmer der 1-1?
Kann ich da mal mitkommen?
So kann ich vielleicht unbemerkt einen Blick in die Jungenklassen werfen!!
Nein, mach ich nicht.
Wir treffen uns nämlich immer nach dem Unterricht! ♡
SCHOCK
Ach so ...
Hätte ich mir ja denken können!
DING
DONG
DANG
DONG
Oh! Es hat zum Unterricht geklingelt!
Gehen wir zurück in die Klasse!
Ja!
1 – 7

Das zweite Halbjahr hat zwar gerade erst begonnen ...
... aber Ende September finden bekanntlich die Wahlen für den Schülerrat statt.
Jede Klasse stellt mindestens einen Kandidaten. Ihr könnt euch freiwillig melden ...
... oder einen anderen vorschlagen. Gäbe es da jemanden?
Stille
Niemand?
Natürlich nicht! Als Schülervertreter hat man nachmittags keine Freizeit.
Da findet man erst recht keinen Freund!
Als ob sich dafür jemand freiwill...
Hier!

Was ...?! Ririko?!
Und wann trifft sie sich dann mit ihrem Freund?!
Aber ... sie ist sehr hilfsbereit und hat Führungspotenzial.
Beliebt ist sie auch.
Wenn ich's recht bedenke, ist sie vermutlich die perfekte Kandidatin für den Schülerrat ...!
Blick
!
Ich unterstütz dich!!
Lächel

Ich möchte Yuka Makino vorschlagen!
...
Hä ...??
Ruck
Ich auch!
Ruck
Ich auch ...!
Was zum ...
RUMPEL
W... Warum macht ihr das ...?!
Dann ...
... einigen wir uns also auf Makino. Irgendwelche Einwände?
Stopp! Ich kann das nicht machen! Unmög-lich!!
Yuka ist ...

... sehr mitfühlend und strebsam.
Und sie kann sich gut auf ihr Gegenüber einstellen ...
Wenn ich mit ihr zusammen bin, staune ich immer, was für ein beeindruckendes Mädchen sie ist.
Was ...?
Mein Vorbild Ririko ...
... hat so eine hohe Meinung von mir?
Yuka würde bestimmt vieles an unserer Schule verbessern.
Deshalb wollte ich sie vorschlagen.
Ich denke auch, dass Yuka bestens als Kandidatin geeignet ist.
Sie würde ich auf jeden Fall bei den Wahlen unterstützen! ♡
Natsumi ... Haruna ...
I...
Ich ...
... kann's ja ... mal versuchen ...

Klatsch
Klatsch
Klatsch
Ich sehe mich zwar überhaupt nicht als Mitglied des Schülerrats ...
Ich hab ein Poster für dich entworfen!
Wow ... Das ist ja toll!!
Kandidatin
Yuka Makino
... aber ich wurde zum ersten Mal für so etwas empfohlen.
Lass uns auch drüben bei den Jungs Poster aufhängen!
Poch
Aber wenn alle so große Hoffnungen in mich setzen ...
... möchte ich sie auch nicht enttäuschen ...!
Poch
Ob er hier irgendwo ist?
Poch
Poch
Ist meine Rede so in Ordnung?
Unsere Empfehlungsrede ist auch fertig!
Ich bin ihm wieder nicht begegnet ...

Wir beginnen nun mit der Wahl des Schülerrats, die heute bereits zum 31. Mal stattfindet.
Jeder von euch hat eine wertvolle Stimme, die darüber mitentscheidet, welche Schüler die Takimiya-Highschool in Zukunft vertreten und Änderungen vorantreiben werden.
Ich kandidiere für den Posten des Präsidenten. Ich bin in der 2-1 und …
Die Dinge, die tief mit der Geschichte dieser Schule verwurzelt sind …
Ich bin zwar noch unerfahren, hoffe aber dennoch auf zahlreiche …
Yuka, hast du dir deine Rede gut eingeprägt?
Ja! Alles fest abgespeichert! ♡

SCHRECK
Die Jungs vom Go-kon schauen heute auch zu! Du musst dich von deiner besten Seite zeigen!
Stimmt ja ... Er sitzt im Publikum ...!
POCH
Uwah ...!
POCH
Oh nein, Ririko ...! Ich bin auf einmal so nervös ...!
Waas?! Tut mir leid, ich hab offenbar genau das Falsche gesagt ...!
POCH
POCH
POCH
Na ja ...
Dann hier!
Zieh mein Freundschaftsband auch noch an, ja?

Wir sind ganz bei dir und drücken die Daumen!
Du bist nicht allein, Yuka!
Mach meins auch um!
Meins auch!
ERGRIFFEN
Ihr seid so lieb ...
Die Unterstützer von Yuka Makino bereiten sich bitte ...
... langsam auf ihre Rede vor!
Wir legen schon mal für dich vor!
Gib du auch dein Bestes, Yuka!
Mach ich! Vielen Dank!
Wir empfehlen Yuka Makino!
Jetzt muss ich auf jeden Fall gewählt werden!!
Auf geht's!
DONG
Aua!

Dong?
Ent-schul-dige! Es tut mir leid!
Wah ...!
Ist alles in O...
Geht schon ...
Ist nicht so wild ...

Aaaah!!
SCHRECK
Tut mir leid ...!
Ruhe bitte!
Hmpf!
D...
Du gehst also wirklich auf unsere Schule ...!
Uwah ...! Wer hätte gedacht, dass er für den Schülerrat kandidiert ...?!
Ich kenne ja seinen Namen nicht, deshalb hatte ich keine Ahnung!
Endlich sehe ich ihn wieder ...!!
...

Kennen wir uns ...?
Ich erinnere mich jedenfalls nicht an dich ...
?
Er ... erinnert sich nicht ...?!
Sag mal, wann genau sind wir uns begegnet ...
KLATSCH
Tock

Sorry ... Hab dich verwechselt.
Wir sind uns noch nie vorher begegnet ...!
Maki-no, bitte komm auf die Bühne!
Ja ...
Was zum ...
Was soll das heißen, er erinnert sich nicht ?!
Raschel
Dabei habe ich seit den Sommerferien an jedem einzelnen Tag ...
Goldfische ...
... an ihn gedacht.
»Ich frag mich, wie er wohl heißt ...«

»Wie soll ich ihn bloß ansprechen?«
»Ob ich es schaffe, beim nächsten Mal Kontaktdaten mit ihm auszutauschen?«
»Ich hab's ...!«
KNIPS
»Wenn ich ihm zeige, wie gut es den Goldfischen geht, die er gefangen hat ...
... lächelt er vielleicht noch mal ...!«
Ich bin so blöd!
Seht mal ...
Das Mädel da sagt ja gar nichts. Ob's ihr nicht gut geht?
RAUN
Was hat sie bloß?
RAUN
Wird das 'ne Performance?
Wer weiß ...

Was mach ich nur ...? Vor lauter Schock darüber, dass er sich nicht erinnern kann ...
... ist meine Rede plötzlich wie weggeblasen.
Yuka ...?
ザワ TUSCHEL
ザワ TUSCHEL
Da hilft nur noch mein Spick-zettel ...!
Immer noch besser, als gar nichts zu sagen ...
Schwitz
Schwitz
Der Zettel ist weg?!
Wie kann ...
Ah ...!
Ich hab ihn vorhin ...

RAUN
Was hat sie denn?
Soll sie halt von der Bühne gehen, wenn sie nichts zu sagen hat ...
RAUN
Oh Gott, ich würde am liebsten im Erdboden versinken ...
Was mach ich denn jetzt nur ...?!
Denk nach, denk nach!
Ich habe beschlossen, für den Schülerrat zu kandidieren, weil meine Freundinnen mich dafür vorge-schlagen haben.

Anfangs war ich skeptisch, ob jemand wie ich überhaupt etwas für unsere Schule tun kann.
Das ist doch meine ...
Ich möchte die Takimiya-Highschool, an der ich wundervolle Freundinnen gefunden habe, zu einem noch fröhlicheren Ort machen.
...
Puh ...
Ähm ...

Und da meine Freundinnen mir Mut gemacht und Selbstvertrauen gegeben haben, stehe ich heute vor euch.
Mein Tatendrang und die überschwängliche Zuneigung zu meinen Freundinnen …
… bescheren mir … plötzlich wahnsinniges Sodbrennen.
SCHOCK

Das Mädel hier …
Was fällt dem ein, sich über mich lustig zu machen …?!
… hegt und pflegt den Goldfisch, den sie bei einem Straßenfest gefangen hat, seit über zehn Jahren.
Auf ihr hohes Verantwortungsbewusstsein kann ich also Brief und Siegel geben.
Ich hingegen … äh … Kentaro Nanase aus der 1-1, stehe nur gezwungenermaßen hier …
… weil Herr Fukamachi, mein Klassenlehrer, mir ein Mittagessen spendiert hat, unter der Bedingung, dass ich kandidiere. Dabei geht mir das alles hier sonst wo vorbei.
Was …?! Herr Fukamachi, ist das wahr?!
Nein! Also …
Ist es.

Deshalb gebt bitte alle eure Stimme der Kandidatin, die gar nicht weiß, wohin mit all ihrem Eifer …
… und wählt auf keinen Fall mich. Danke.
SST
Hier …
Den letzten Satz sagst du vielleicht lieber selbst.
Wahlkampfrede
Ich bin Yuka Makino aus der 1-7 und

Ich bin Yuka Makino aus der 1-7! Im Gegensatz zu dem jungen Herrn neben mir will ich auf jeden Fall Sekretärin werden …!
Ich werde mein Bestes für euch geben, also gebt mir bitte eure Stimme …!!
Klatsch
JUBEL
Klatsch
Klatsch
Geht klar!
Das war echt gut!
Ähem! Und als Nächstes haben wir …
Hah …
Hah …
Mensch, Yuka!
Jag mir doch nicht so einen Schreck ein!
Wääh!
Ich hätte fast losgeheult …
Das war doch der vom Gokon, oder?
Nanase …! Warum sagst du denn so was?!
Die Rede war irre … Mach dir keine Sorgen! Du wirst bestimmt gewählt!
Wieso? Ist doch die Wahrheit.
M…
Meinst du wirklich …?

Ja,
das war
wirklich ...
eine irre
Rede.
Deshalb
werden wir
es wohl nicht
beide in den
Schülerrat
schaffen ...
... von nun
an werden wir
uns bestimmt
öfter in der
Schule über
den Weg
laufen.
Aber ...
Hey, Nanase!
Bleib hier!!
Oh!
Nanase
...!

Hast du nicht gesagt ... du könntest dich nicht an mich erinnern ...?!
Selbst auf dem Zettel mit deiner Rede waren Goldfische ...
Wie verrückt kann man eigentlich nach den Viechern sein?!
Aber dadurch ...
... hast du dich wieder an mich erinnert.
Dein Brocken von einem Goldfisch, der aussieht wie ein Steinkarpfen ...
... hat eben einen bleibenden Eindruck hinterlassen ...
Bei unserem Date hatte ich einen Yukata an und hochgesteckte Haare.
Damit sah ich vermutlich ziemlich anders aus.
Nö ...
Daran lag's eigentlich nicht ...

Ich hab bloß keinen Bock auf den Schülerrat.
?
Ähm ... jetzt hast du mir schon wieder geholfen ...
War nicht meine Absicht.
Prust
Kicher
Kicher
Kicher
Was gibt's da zu lachen ...?
Das ist doch genau wie beim letzten Mal!
Im Endeffekt hast du mir damit ja trotzdem geholfen ...
... also danke!

Und ... ähm ... würdest du mir vielleicht ... deine Kontaktdaten geben?
Ginge das ...?
Einem Mädchen, das sich auf einem Gokon dem erstbesten Typen an den Hals schmeißt ...
... gebe ich meine Nummer nicht!
...
Was ...?
Du warst doch selbst dort ...
Ich wurde darum gebeten, damit es zahlenmäßig aufgeht ...
Im Gegensatz zu dir hatte ich jedenfalls nicht vor, mir eine Freundin anzulachen.
BLUSH

Ich hoffe ...
... dass du mir nicht noch mal über den Weg läufst.

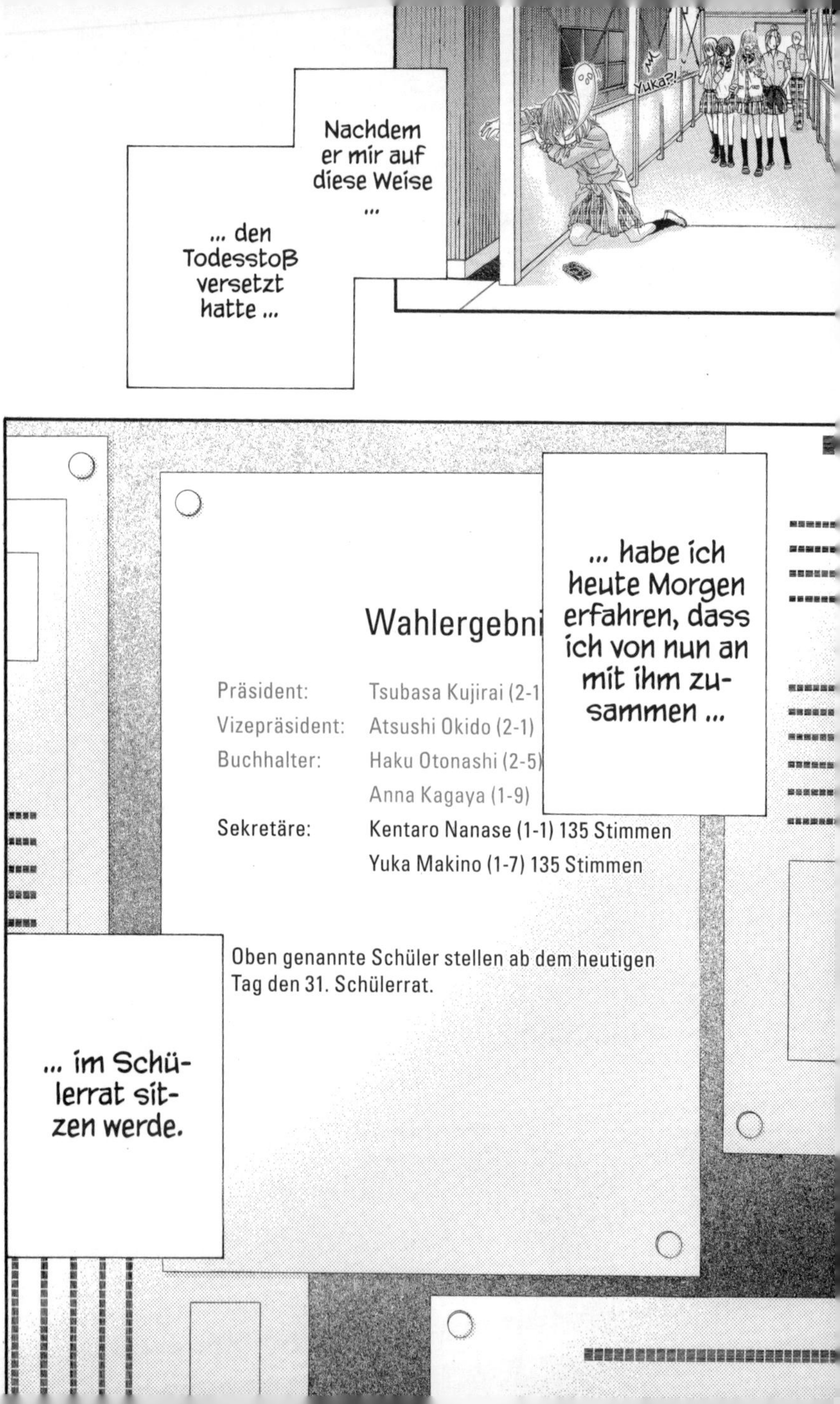
Yuka?!
Nachdem er mir auf diese Weise ...
... den Todesstoß versetzt hatte ...
... habe ich heute Morgen erfahren, dass ich von nun an mit ihm zusammen ...
Wahlergebni
Präsident: Tsubasa Kujirai (2-1
Vizepräsident: Atsushi Okido (2-1)
Buchhalter: Haku Otonashi (2-5)
Anna Kagaya (1-9)
Sekretäre: Kentaro Nanase (1-1) 135 Stimmen
Yuka Makino (1-7) 135 Stimmen
Oben genannte Schüler stellen ab dem heutigen Tag den 31. Schülerrat.
... im Schülerrat sitzen werde.

RATTER
Wo ist denn Yuka?
Sie ist direkt zu ihrer ersten Mitgliederversammlung gegangen!
Oh ... sehr gut.
Dann müssen wir ja jetzt ...
... nicht mehr so tun, als wären wir ihre Freundinnen.

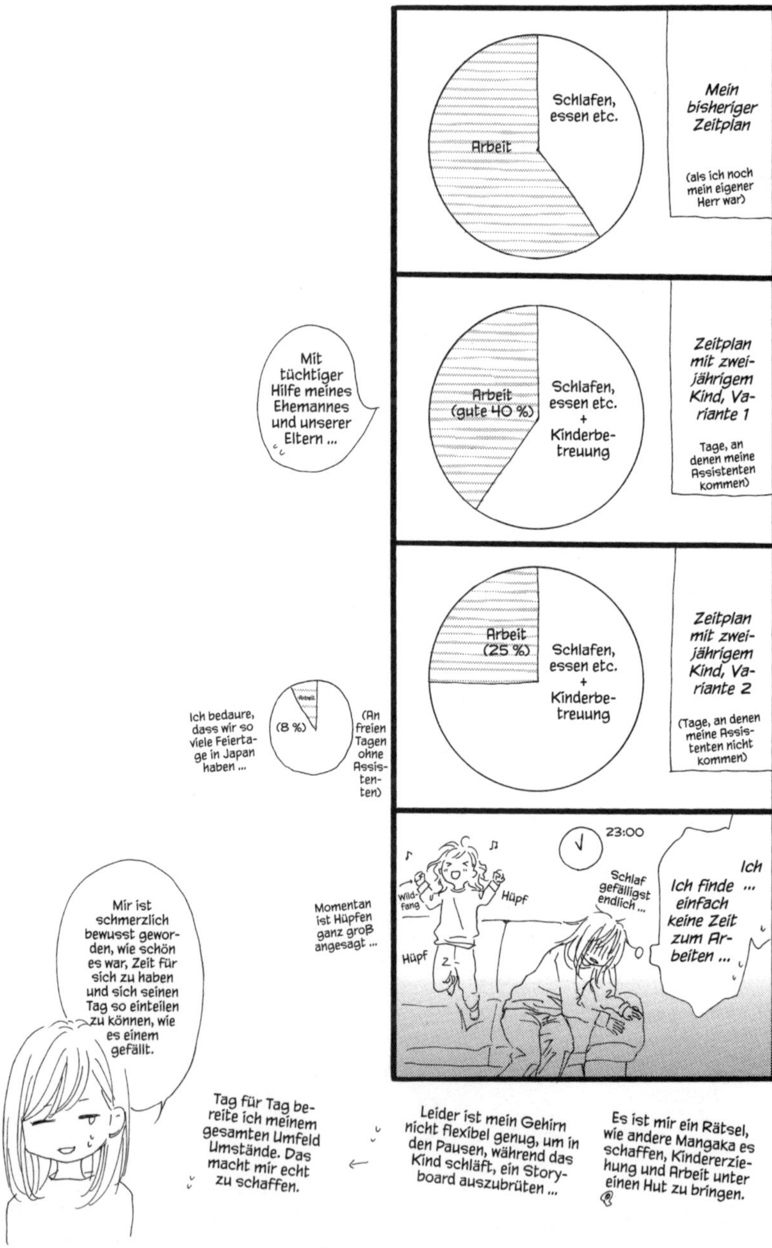
Mein bisheriger Zeitplan
(als ich noch mein eigener Herr war)
Schlafen, essen etc.
Arbeit
Zeitplan mit zweijährigem Kind, Variante 1
Tage, an denen meine Assistenten kommen)
Schlafen, essen etc. + Kinderbetreuung
Arbeit (gute 40 %)
Mit tüchtiger Hilfe meines Ehemannes und unserer Eltern ...
Zeitplan mit zweijährigem Kind, Variante 2
(Tage, an denen meine Assistenten nicht kommen)
Schlafen, essen etc. + Kinderbetreuung
Arbeit (25 %)
(An freien Tagen ohne Assistenten)
Arbeit
(8 %)
Ich bedaure, dass wir so viele Feiertage in Japan haben ...
Ich ...
Ich finde einfach keine Zeit zum Arbeiten ...
23:00
Schlaf gefälligst endlich ...
Hüpf
Wildfang
Hüpf
Momentan ist Hüpfen ganz groß angesagt ...
Es ist mir ein Rätsel, wie andere Mangaka es schaffen, Kindererziehung und Arbeit unter einen Hut zu bringen.
Leider ist mein Gehirn nicht flexibel genug, um in den Pausen, während das Kind schläft, ein Storyboard auszubrüten ...
Tag für Tag bereite ich meinem gesamten Umfeld Umstände. Das macht mir echt zu schaffen.
Mir ist schmerzlich bewusst geworden, wie schön es war, Zeit für sich zu haben und sich seinen Tag so einteilen zu können, wie es einem gefällt.

# KAPITEL 3

Kapitel 2. Es geht um den Schülerrat und um Freundschaft. Ich hatte groß getönt, dass diese Serie das beliebte Thema Schülervertretung aufgreifen würde, doch dann habe ich in Kapitel 1 gar nichts davon einbauen können. Bevor ich mit der Arbeit an *Atemlose Liebe* begann, durfte ich an meiner alten Highschool recherchieren. Es ist schon eine Weile her, dass ich mich mit Schülern unterhalten habe. Sie strahlen so viel jugendliche Frische aus! Ich musste erschrocken feststellen, dass die Highschool-Schüler, die ich zeichne, etwas an dieser Frische vermissen lassen. Wir haben uns auch über die Liebe unterhalten. Meine Recherche dort war wirklich ein Volltreffer!

Kapitel 3. Endlich sind die Mitglieder des Schülerrats alle versammelt. Es war ganz schön aufwendig, die ganzen Charaktere zu entwerfen. (*gequält lächel*) Und mir ist aufgefallen, dass es ziemlich viel Arbeit macht, die ganzen Gesichter zu zeichnen ... Ich heule ständig, weil sich die Personenzahl pro Panel so dramatisch erhöht hat. Oh, und den »wahnsinnig gut aussehenden« Präsidenten zu zeichnen ist wahnsinnig schwierig ... Eigentlich mag ich den Vizepräsidenten vom Aussehen her lieber, aber er sieht Kentaro zu ähnlich! 17 Jahre nach meinem Debüt als Mangaka muss ich feststellen, dass ich keine attraktiven Sonnyboys zeichnen kann ... Kagaya mag ich übrigens auch! ♥ Irgendwie besteht der Schülerrat zur Hälfte aus Mitgliedern mit gleichgültigen Gesichtern.

»Ich hoffe, dass du mir nicht noch mal über den Weg läufst.«
... hat er gesagt.
Und jetzt hocken wir ein Jahr lang im Schülerrat aufeinander ...
Seufz
ばんっ
BAMM
Sorry, ich bin zu spät!
Dann eröffne ich hiermit mal die erste Sitzung des neuen Schülerrats!!

Am besten stellen wir uns erst mal alle vor, was?
Der Präsident bin ich, Tsubasa Kujirai aus der 2-1!
Uwaah ...! Der sieht ja unverschämt gut aus!!
Für mich ist die Hauptsache, dass wir bei allem, was wir machen, unseren Spaß haben. Also, auf gute Zusammenarbeit!!
Blush
Hm? Maki-non, was starrst du mich so an?
Was ...?! Nein, so ...
Maki-non?!

Zwinker
Nur nicht so schüchtern! Schau ruhig richtig hin!
Immerhin gehöre ich allen! ♡
E... Ein Narzisst ...?
Mach mal 'ne Pause. Du verschreckst ja die jüngeren Schüler.
SCHUBS
Ich bin der Vizepräsident, Atsushi Okido, auch aus der 2-1.
Den Idioten hier halte ich schon im Zaum, seid ganz beruhigt.
Er hat mich Idiot genannt?!
Äh ... Ich ... bin für die Finanzen zu...
RUCK
Anna Kagaya aus der 1-9. Ich mache die Buchhaltung. Freut mich.
Wow, ist die hübsch! Was für lange Arme und Beine!
Sie sieht aus wie ein Model! Und so jemand ist in meinem Jahrgang ...?!

Ich war die ganze Zeit so mit mir selbst beschäftigt, dass ich die anderen Kandidaten gar nicht beachtet habe.
Ich bin ... Haku Otonashi aus der 2-5 ... und mache auch die Buchhaltung ...
Auf gute Zusammenarbeit.
Bin ich unter so vielen attraktiven Menschen wirklich richtig?!
Dann fehlt jetzt nur noch ...
... unser Sekretärs-Ehepaar!
DREH
E... Ehepaar ...?!
Na, so eine herzergreifende Rede hab ich schließlich zum ersten Mal gehört ...♡
Und dann hattet ihr auch noch gleich viele Stimmen!
Damit seid ihr jetzt bei allen Schülern als Pärchen anerkannt! ♡♡
Oh nein ...
Wie lange seid ihr denn schon zusammen?
Hör auf ...! Mehr kann ich wirklich ...
Hört mal!

Wenn wir so viel Zeit haben, dass wir über derart unwichtige Dinge reden können, würde ich stattdessen lieber nach Hause gehen.
Ich hab nämlich viel zu tun.
Na toll ... Jetzt bin ich wieder diejenige, die sich verletzende Sprüche anhören muss ...
Kneif
Echt jetzt ...
Wieso wurde ich überhaupt gewählt, obwohl ich extra gesagt hab, ich will keine Stimmen ...?
Hier an der Schule wimmelt es offenbar von Scherzkeksen!
Ha ha ha!
Nanase, du bist echt genau wie bei deiner Rede!
Patt Patt
So viel Direktheit ist wirklich erfrischend ...

ZIEH
Aber ich geb dir mal einen Tipp ...
...!
Manches lässt man lieber unausgesprochen ...
... und denkt sich seinen Teil.
Wenn das Jahr vorbei ist, wirst du dich gar nicht wieder von uns trennen wollen.
Dafür werde ich schon sorgen, also mach dich drauf gefasst!
PATT
Und jetzt stellt euch erst mal brav vor!
Ich bin Kentaro Nanase aus der 1-1 ...
Ich bin Yuka Makino aus der 1-7 ...!
Ich bin der AG-Leiter, Fukamachi.

Ich hab für alle eine Kopie mit unserem Jahresplan, bitte reicht die rum.
Streif
Oh ...!
POCH
FLAPP

Was soll denn das ...?! Wenn er mich so sehr hasst ...
... warum hat er mir dann bei meiner Rede geholfen?!
DRÜCK
Hätte er mich in Ruhe gelassen, wäre ich gar nicht erst gewählt worden.
Dann wären mir diese zusätzlichen Demütigungen erspart geblieben.
RATTER
Ich hatte ja vor, hier mein Bestes zu geben ...
... aber jetzt weiß ich echt nicht mehr, ob ich das packe ...

Nanu ...?
Ist ja seltsam ...
Ririko und die anderen meinten doch, sie würden auf mich warten ...
»Heute stellt ihr euch bestimmt nur kurz vor, oder?
Wir warten auf dich!«
Ob ihnen was da zwischengekommen ist ...?
Aber dann hätten sie mir sicher Bescheid gegeben ...
...??
Ah! Makino!
Zum Glück bist du noch hier!

Sugita? Was ist denn?
Ich war heute mit Müllraustragen dran ...
... und die hier sind in den Mülleimer gefallen.
Die haben deine Freundinnen und du doch immer am Handgelenk, oder?
Ich hab sie gerade noch rechtzeitig gesehen ...!
Passt lieber etwas besser auf!
D...
Danke ...!
In den Mülleimer gefallen? Alle bis auf meins ...?
Und das rein zufällig ...?
???
Was ist heute bloß für ein seltsamer Tag ...
Und ...
... sie antworten mir auch nicht.
Guten Morgen!
Morgen!

Oh!
Ririko!
Haruna! Natsumi!
Guten Morgen!!
Hah ...
Was war denn gestern los? Als ich zurückkam, wart ihr alle weg.
Und erreichen konnte ich euch auch nicht. Ich hab mir Sorgen gemacht!
Und hier!
Sugita hat sie im Mülleimer gefunden und zum Glück rausgefischt.

Wie könnt ihr die denn alle drei gleichzeitig verlieren?
Ha ha ha!
Wir ... haben sie nicht verloren.
Wir haben sie weggeworfen.
Was ...?
Du hast es doch sicher auch schon gemerkt ...
Du passt nicht zu uns.
Hören wir endlich auf mit diesem Freundinnen-Theater.

Wir haben's versucht. Aber selbst diese Dinger haben nichts genützt.
Es ist mir zu lästig geworden, so zu tun, als würden wir uns nahestehen.
SCHOCK
...?!
Flapp
Moment ... Hä? Ich komm nicht mit ...
Wieso denn auf einmal ...?
Neulich bei der Wahl und so ... habt ihr mich doch noch so sehr unterstützt ...

Wir dachten eben, wenn du im Schülerrat viel um die Ohren hast, müsstest du dich wohl oder übel von unserer Gruppe lösen.
Deshalb haben wir uns richtig für dich ins Zeug gelegt!
Und dann hast du bei deiner Rede plötzlich Panik bekommen und kein Wort gesagt ...
Fast hättest du all unsere Bemühungen zunichtegemacht! Ich war echt sauer auf dich!
Aber dann wurdest du ja trotzdem gewählt.
Und ab jetzt wirst du im Schülerrat ...
Wie gemein ...

Ich hätte nie gedacht, dass du so hinterhältig bist, Ririko ...!
Du bist echt das Letzte! Wie konnte ich nur so blöd sein, dich zu bewundern ...?!
Also echt, Yuka ...!
Natsumi ...
Lass sie. Komm, wir gehen.

Tropf
Tropf
Tropf
»Wir sind hier, Yuka!
Lass uns schnell essen!«

»Ich nehm Blau.«
»Ich glaub, ich das Gelbe ...«
»Was?! Aber das Pinke sieht doch viel sü-ßer aus!!«
»Wir sind auf einer Wel-lenlänge!«
»Ja!«

TAPP
Hey ...
Diese Gummibänder ...
Zuck
Die ... hab ich nicht verloren, falls du das de...
Die sollen in den Müll, oder?
Also kann ich sie wegwerfen?

Sie haben also endlich reinen Tisch mit dir gemacht ...
Da haben sie sich ja ganz schön Zeit gelassen vom Sommerfest bis jetzt ...
Was ...?!
Mom...

Bleib gefälligst hier ...!!
DOMP
Aua ...
So viel Kraft ist ja unmenschlich ...
Was war das gerade?! Wusstest du was davon?!
Was war auf dem Sommerfest ...?!
Seufz
...
Ich wurde beauftragt von ...
Wie hieß sie gleich? Nishimura?
Ja, ich glaub.

Von Ririko ...?!
Was hat sie ...
Ich möchte eine meiner drei Freundinnen loswerden.
Kannst du sie von der Gruppe trennen und mit ihr allein was unternehmen?
Das ist der wahre Grund, warum ich bei dem Gokon mitgemacht hab.
Sack
Warum ...? Was hab ich denn getan, dass sie mich so hassen ...?
Das ...
... und das war alles gelogen!
Wie gemein! Das ist ja buchstäblich ...
... Mobbing!
Erst hab ich mich gefragt, wie boshaft und hinterhältig man sein muss ...
... um jemanden dafür zu engagieren, eine Freundin auszugrenzen ...

Aber so gemein war sie am Ende doch nicht.
Bitte ...?!
Warum nicht ...?! Ich werde grundlos von ihr gemobbt!!
Sie ist der Inbegriff einer gemeinen Tussi ...!
Aber bei der Wahl haben sie dich doch nach Leibeskräften unterstützt.

Sie meinte, das hätten sie nur gemacht, damit ich keine Zeit mehr haben würde, mich mit ihnen zu treffen!
DRÜCK
Und ich hab noch so eine überschwängliche Rede gehalten. Wie peinlich ...!
»Ich möchte die Takimiya-Highschool, an der ich wundervolle Freundinnen gefunden habe, zu einem noch fröhlicheren Ort machen.«
Ich hör im Schülerrat auf ...!
Schülerrat
KLATSCH
Ich bin nur hergekommen, um den anderen Bescheid zu sagen ...!
Hust Hust
Was ...? Du willst aufhören?
Dabei haben sie dir doch vorsorglich diesen Ort als Sicherheitsnetz zugedacht.

Sie hätten sich auch nicht die Mühe machen müssen, der Person, die sie loswerden wollen ...
... extra einen Ort zu schaffen, an dem sie neuen Anschluss findet.
·Schülerrat·
Aber ... ich hab hier doch gar keine Freunde ...!
Was ist denn daran ein Sicher-heitsnetz ...?
Ob du dich mit den Leuten hier anfreundest, hängt ganz allein von dir ab.

Und selbst du, mein einziger Bekannter hier ...
... hast gesagt, dass du mich nie wiedersehen willst ...
Schluchz
Du denkst ja wohl auch, dass man sich mit mir lieber nicht abgeben sollte, oder ...?
Schluchz
Seufz
So hab ich das ...
... doch gar nicht gemeint ...!

Was ...?
Na ...
... wie denn s...
Mh ...
POCH
Dein Gesicht ist ganz verheult.
Und deine Nase läuft.

Ich seh ja furchtbar aus ...!
Schock
STÜTZ
Nanase, musst du nicht ins Klassenzimmer zurück ...?
Jetzt hat die Stunde ja schon angefangen ...
Ich geh zur zweiten.
Bis dahin sind deine Augen sicher auch wieder abgeschwollen.

Bleibt er etwa bei mir, damit ich nicht allein bin ...?
Poch
Poch
Poch
Poch
Hast du nichts dabei, um dir die Zeit zu vertreiben?
Was ...?! Äh ... Nein.
Ich bin gerade eh viel zu nervös ...
Willst du mithören ...?
?!

Poch
Poch
Poch
Poch
Auf gute Zusammenarbeit im Schülerrat ...
... Makino.
Wie kann das sein?
Obwohl ich ab jetzt in meiner Klasse ganz allein sein werde ...
... ist die Welt ...
... auf einmal strahlend hell.

Atemlose Liebe ist mein erster Manga mit einem Schülerrat!!
Deshalb habe ich beim Schülerrat meiner alten Highschool recherchiert.
Der »Pärchenweg«, der später im Manga auftaucht, existiert wirklich.
Zu meiner Zeit war es noch ein ganz normaler Schulweg.
Eine gerade Straße mit grell blendender Abendsonne
Seit ein neuer Bahnhof gebaut wurde …
… benutzen die Schüler den Weg kaum noch.
Ich konnte gar nicht glauben, wie nah der neue Bahnhof an der Schule ist! Das ist ja so was von bequem …
Als Schülerin hatte ich null Interesse am Schülerrat.
Wann finden denn die Wahlen statt?
Minami
Vize
Nur der Präsident wird gewählt.
Ansonsten ist es wie ein normaler Schulklub. Jeder, der will, kann beitreten.
… Das hab ich einfach nicht gehört …
Minami
Da war schon beschlossen, die Wahlen mit einzubauen.
Sieht aus wie Otonashi, ist aber vorlaut wie Okido.
Für Otonashi hat mir ein Junge aus dem Schülerrat als Modell gedient. Der war wirklich ein interessanter Charakter …

KAPITEL 4

Kapitel 4. Ich habe vor Kurzem zum ersten Mal das Wort »Ohr-Date« gehört. Offenbar nennt man das so, wenn man sich beim Musikhören ein Paar Kopfhörer teilt. Vor einer Weile stand eine Sonderausgabe der *Sho-Comi* unter dem Motto Ohr-Date. Darin haben vier oder fünf Mangaka ihre Ideen zu dem Thema umgesetzt. Damals dachte ich nur ganz unbeteiligt, dass es gar nicht leicht ist, ein so spezifisches Thema auf unterschiedliche Weise zu behandeln. Wer hätte da gedacht, dass ich selbst mal ein Ohr-Date zeichnen würde! Mittlerweile gibt's auch eine Farbillu, auf der die Charaktere sich Kopfhörer teilen (→ für das Cover der CD von CHiCO Honey), also bin ich wohl gerade irgendwie im Ohr-Date-Rausch.? Aber mal ehrlich, sich mit jemandem Kopfhörer zu teilen, mit dem man gar nicht zusammen ist, verursacht doch sicher Herzklopfen, oder??

Übrigens habe ich mir am Storyboard für Kapitel 4 ganz schön die Zähne ausgebissen ... Erst hatte das Kapitel 31 Seiten, aber da eine Szene mit Kentaro nicht wirklich reingepasst hat, hab ich sie weggelassen, wodurch alles viel runder wurde. Irgendwie komme ich in letzter Zeit immer ungefähr beim 4. Kapitel ins Schlendern. Und das, weil ich mich nie entschließen kann, wie ich einen männlichen Chara darstellen soll! Hmm ...

Wir müssen zum Unterricht ...
Ich finde, du musst dir das heute nicht zumuten ...
Jetzt haben wir schon zwei Stunden gefehlt, da können wir auch ganz schwänzen.
Nanase ...
Heute Morgen ...
... habe ich meine Freundinnen verloren.
»Hören wir endlich auf mit diesem Freundinnen-Theater.«
Auch nach der ersten Stunde konnte ich mich einfach nicht dazu überwinden, ins Klassenzimmer zu gehen.
Obendrein meint er noch, ich könne mir heute ruhig freinehmen ...
Und Nanase leistet mir schon die ganze Zeit wortlos Gesellschaft.
ZUPP

Schon gut! Ab der dritten Stunde gehe ich in den Unterricht!
Vielen Dank, dass du mich hast mithören lassen!
Sorry, dass ich dich so lange in Anspruch genommen hab!
Kein Thema ... Ich wollte eh schwänzen ...
Eigentlich hab ich Angst und würde lieber nach Hause gehen.
Aber ich will Nanase auf keinen Fall noch mehr Umstände bereiten.
RATTER
1 — 7

Uh ...!
Alles in Ordnung.
Ich brauche Ririko und die anderen nicht.
Na also ...
Ich sitze ganz normal im Unterricht.
Ist alles gar kein Problem.

*Anrede für ältere Schüler, Studien- und Arbeitskollegen

Aber im Klassenraum ganz allein meine Lunchbox auszupacken ...
... schaffe ich dann doch nicht
...
Schülerrat
Ob es okay ist, wenn ich hier zu Mittag esse?
Oh ...!!
BAMM
Kagaya! Hallo!
Kann ich hier bei dir es...
...sen ...?

Das ist aber ein ungewöhnliches Mittagessen, Kagaya ...
Warst du irgendwo auf dem Land ...?
Fällt dir zur Begrüßung kein besseres Thema ein?!
Ich hab gestern Abend zu viel gegessen, also gleiche ich das heute wieder aus.
Echt ...? Dann achtest du also auf deine Linie? Top gestylt bist du ja auch immer. Irgendwie wie ein Model ...
Rück
Hör mal ...
Es geht niemanden etwas an, was ich esse.
Ich hab die Schnauze voll davon, mich andauernd rechtfertigen zu müssen, darum esse ich immer hier ...
Happ
Außerdem bin ich nicht »wie ein Model«.
T... Tut mir ...
Ich bin ein Model.

Also ist es ganz natürlich, dass ich auf mein Äußeres achte.
Waaas?! Das ist ja Wahnsinn!!
Seit wann denn?! Und in welchen Magazinen?!
Ruck
Ich such mir einen neuen Platz zum Essen.
Tut mir leid! Ich sag auch nichts mehr!
Warum isst du überhaupt hier?
Was ist denn mit deinen Freundinnen, von denen du in deiner Rede so geschwärmt hast?
Wir empfehlen Yuka Makino!
POCH
...!

Irgendwie haben sie mich ...
... einfach plötzlich aus der Gruppe gekickt ...
Angeblich passe ich nicht zu ihnen ...
Ha ha!
Schon komisch, oder? Dabei hab ich mich ihnen die ganze Zeit angepasst.
Ob Klamotten oder Konzerte, die ich nicht mochte ...
Alles hab ich mitgemacht und mir dafür sogar mein Taschengeld im Voraus geben lassen.
Ich denke schon, dass ich mitreden konnte ...
Aber das willst du sicher alles gar nicht hören ...
Entschuldige.
Voll mies ...

Das ist echt heftig!
Was ...?! Du findest das also auch, Kagaya ...?
Ruck
Ja ... Ich meine ...
... dein gekünsteltes Grinsen ist echt total daneben.
Dass das Fake ist, durchschaut doch ein Blinder.
Hast du das vor deinen Freundinnen auch immer aufgesetzt?
Äh ...
Warum hast du mit Gewalt versucht, ihre Freundin zu sein?!
N... Na ja ...
So findest du einen Freund!
Häng mit beliebten Mädchen ab!!
Hör auf, diese Mädchen zu beneiden! Beliebte Mädchen = Attraktive Mädchen Freunde dich mit ihnen an und schau dir ab, wie du das Beste aus dir machen kannst.♡

Ich hätte auch keinen Bock auf eine Freundin, die sich offensichtlich dazu zwingen muss, mit mir befreundet zu sein.
Ist ja voll unangenehm.
Ruck
KLAPP
Das kann doch nicht ...
Dann war alles ...
... meine Schuld ...?

DING
DONG
DANG
DONG
Hauswirtschaft
Ririko ...
Zupf
Kommst du klar heute im Kochunterricht?
Hm?
Wir werden nach Namen eingeteilt, das heißt, du bist mit Yuka in einer Gruppe.
Immerhin benutzen wir auch Messer und so ...
Kyah! Sie hat hergeschaut!
Schon gut!
Sag uns Bescheid, wenn irgendwas sein sollte!

Okt Halloween-Rezepte
Kürbisgratin
Kürbiskekse
Entscheidet bitte, wer in jeder Gruppe was macht, und dann beginnt mit dem Kochen.
Bitte achtet nicht nur auf den Geschmack, sondern richtet auch alles ansprechend an, sodass es nach Halloween aussieht.
Die Kürbiskekse sind süß! ♡
Ich kümmere mich ums Dessert.
Hier!
Dann mache ich auch beim Dessert mit!!
Äh ... Was wird das jetzt?
Jetzt hab ich Angst.
...
Grins
Ich hatte mir auch zufällig das Dessert ausgeguckt ...
Nein, stimmt nicht ...
Räusper

Ich hab dir etwas zu sagen, Ririko.
Ich mache den Kürbisguss.
Übernimm du den Teig.
Oh!
Okay!
Klopf
Klopf
Ich wollte unbedingt einen Freund, wenn ich auf der Highschool bin ...

Deshalb hab ich mich mit dir angefreundet.
Ich dachte, mit einer beliebten Freundin an meiner Seite erhöhen sich vielleicht auch meine Chancen ...
...
TACK
So was in der Richtung hab ich mir schon gedacht.
Ich fand dich von Anfang an merkwürdig.
Weil du unbedingt mit uns befreundet sein wolltest, obwohl du ganz andere Hobbys und so hast ...
Stimmt ...
Mit den Freundschaftsbändern ...
... wollte ich dich so gut es geht eingliedern.
Aber es hat nicht funktioniert.
Die ganze Zeit hast du nur künstlich gelächelt und ständig gelogen.
Also dachte ich, du möchtest offenbar gar nicht ernsthaft mit uns befreundet sein ...
Deshalb haben wir beschlossen, uns nicht mehr mit dir abzugeben.

Du denkst vielleicht, wir allein wären schuld an allem ...
Nein ...
Du hast wirklich ein gutes Herz, Ririko!
Das hab ich ganz allein verbockt.
Mit dem Schülerrat habt ihr mir sogar einen neuen Freundeskreis vermittelt.
Dabei hätte es euch doch egal sein können, ob ich von nun an allein bin ...
Beim nächsten Mal suche ich mir eine Freundin, die wirklich zu mir passt.
Tut mir leid, dass ich euch in eine so unangenehme Lage gebracht hab.
Vielen Dank für alles ...!
Das klingt ja irgendwie so ernst ...
Das ist mein voller Ernst!
Prust

Fertig!
Du hast dich in der kurzen Zeit ganz schön verändert, Yuka.
Meinst du ...? Das verdanke ich Nanase ...
Seit wir uns auf dem Sommerfest zum ersten Mal begegnet sind, hat er mir dauernd geholfen ...
Ich bin dir dankbar dafür, dass du uns einander vorgestellt hast, egal aus welchem Grund.
Aber, Yuka ...
Von Nanase solltest du lieber ...
Hm?
Ach nichts! Ist schon gut.
Die Kekse schaffen wir sowieso nicht alle, nehmen wir sie lieber mit ...

Ding
Dong
Dang
Dong
Alles okay bei dir, Ririko?
Alles bestens. Wir haben uns ausgesprochen.
Waaas?!
Yuka ist eigentlich doch ziemlich nett!
Jetzt, wo wir nicht mehr miteinander befreundet sind, hab ich zwar kein Recht, mir um sie Sorgen zu machen ...
... aber ich kann wirklich nur hoffen, dass sie sich nicht ernsthaft in Nanase verliebt ...
»Ririko, du hast doch Probleme mit deiner Freundin, oder?
Ich kenn da genau den Richtigen!«
»Das hier ist Nanase. Für Geld macht der eigentlich fast alles ...«

Hallo aller-seits!!
KLACK
Hier werde ich ...
... ganz von vorn beginnen!
Hey, Makinon!
Für heute ist gar kein Treffen ange-setzt, trotz-dem sind wir alle hier!
Ähm ...
Wir haben im Unterricht Kekse ge-backen. Will vielleicht jemand?
Ooh!!
Voll lecker!
Selbst gemacht! Cool!!
Mhm ...
Echt gut ...
Sag mal, Na-nase ...
Poch
Poch

Die Musik, die ich gehört habe, um mich bei Ririko und den anderen beliebt zu machen ...
esamte Liste löschen
Beenden
... habe ich komplett gelöscht.
Kannst du mir verraten, von wem das Lied war, das wir neulich zusammen gehört haben?!
Und ich weiß bereits, welches der erste Song meiner neuen Playlist werden soll.

# KAPITEL 5

(Die Illustration vom CD-Cover)

*Canelé* bezieht sich auf den Inhalt von Band 1 und *Wolf* auf Band 2. ✓ Hört sie euch bitte an. Und lest den Manga am besten mit dazu! ♥

↖ Illu für das Cover der Ausgabe mit CHiCO Honey

Die Farbillu für den Anfang der Ausgabe mit CHiCO Honey ist von *Canelé* inspiriert. Im Hintergrund sieht man die Süßigkeiten, die im Songtext auftauchen, und zwar in der Reihenfolge, in der sie genannt werden. ✿

Dieses Motiv hatte ich direkt vor Augen, als ich *Canelé* gehört habe. ‥

Ich dachte, dass ich so ja gar keine Werbung für die Kooperation mit CHiCO Honey machen kann … Also habe ich noch am selben Tag einen Twitter-Account erstellt. (*lach*) Dabei hatte ich mich bisher immer hartnäckig geweigert, weil ich Angst vor Twitter hatte. (*gequält lächel*)

**extended play*, Tonträger zwischen Single und Album

Kapitel 5. Das letzte Kapitel für diesen Band. Es war in der Ausgabe mit CHiCO with HoneyWorks. CHiCO Honey schreiben wirklich tolle Songs, oder?! Ich liebe sie. Ihre Musik läuft bei mir während der Arbeit die ganze Zeit! Zu unserer Zusammenarbeit ist es gekommen, weil CHiCO Honey auch bei den Lesern der *Sho-Comi* extrem beliebt sind. Dass ich mit einer Band zusammenarbeiten durfte, die ich ohnehin liebe, war wie ein wahr gewordener Traum! Mein Musikgeschmack hat sich über die Jahre wirklich stark in eine bestimmte Richtung entwickelt (und ich höre mir nur wenige Künstler an), deshalb ist es umso unglaublicher, dass bei der Auswahl der Band voll ins Schwarze getroffen wurde!! //// Und die Songs Canele und Wolf, die sie für *Atemlose Liebe* geschrieben haben, sind einfach nur Wahnsinn ...!!! Mittlerweile sind sie meine absoluten Lieblingssongs der Band!
Als die Lieder geschrieben wurden, waren übrigens nur die ersten beiden Kapitel fertig, außerdem das Storyboard von Kapitel 3 ...
Ansonsten gab es höchstens noch die Charakterprofile als Anhaltspunkt, deshalb bin ich zutiefst beeindruckt, wie CHiCO Honey mit so wenig Ausgangsmaterial Songs schreiben konnten, die perfekt auf *Atemlose Liebe* zugeschnitten sind! Was den Inhalt von Kapitel 5 angeht ... Ich hatte Glück, dass zu der Zeit gerade ein Aquarium (mit Goldfischen) aufgemacht hatte, also war ich dort und hab mir Anregungen geholt. Meine Assistentin hat das Aquarium im Manga einfach fantastisch hinbekommen, was mich wahnsinnig freut!

*gebratene Nudeln

Hm, vielleicht nichts mit Essen ...
Ich kann ja verstehen, dass ihr lieber so was wollt, aber wir dürfen nur eine Ausstellung machen, weil wir nur zu sechst sind.
Sag das doch vorher!
Ist eine Ausstellung überhaupt sinnvoll?
Langweilig ...
Wenn keiner eine gute Idee hat, müssen wir die olle Stempel-Rallye vorbereiten, die es jedes Jahr gibt!!
AT
KI
IM
AY
Wer alle Stempel sammelt
Takimiya-Stempel-Rallye
Was? Wie öde!
MECKER
Kann man dafür nicht das Zeug vom letzten Jahr verwenden?
Keinen Bock ...
MECKER
Dann macht einen brauchbaren Vorschlag!
Eine Ausstellung ...
Ich weiß was!!
Go, Makino, go!
SCHNIPP
Was haltet ihr von einem Goldfisch-Aquarium?

Ich liebe Goldfische und hab schon seit meiner Kindheit welche.
Letztes Jahr war ich in einem öffentlichen Aquarium, das Goldfischbecken wie Kunstobjekte in Szene gesetzt hat. Das sah wunderschön aus. Ich war hin und weg ...
Wenn wir so was auf dem Schulfest machen könnten, wäre das der Wahnsinn!
Stimmt, Aquarien sind hübsch anzusehen.
So wie das hier.
Wow ...
Wirklich schön ...
Hmm ...
Aber Goldfische als Ausstellungsobjekte ...
Ich hab ganz viele zu Hause, die stelle ich gern zur Verfügung ...
Die Frage ist doch, ob wir als Laien dafür Sorge tragen können, dass sie keinen Schaden nehmen.
Womöglich sterben sie uns weg ...
Ja ... Das stimmt natürlich ...
BLUSH
... also dachte ich, wir könnten teilen ...
Ah ... will sie uns jetzt wirklich von ihren Goldfischen abgeben?
Nee, oder? Das ist ja total daneben.
Ah ... Was ...?
Du kannst doch nicht einfach so Lebewesen verschenken.
So was macht man doch nicht!
Oh ...
Oje, ich hab schon wieder den gleichen Fehler gemacht ...
Ich hab echt nichts dazugelernt ...

Könnten wir nicht Spielzeuggoldfische nehmen?
Ich hab welche aus Gummi im 100-Yen-Shop gesehen.
Wenn man die ins Wasser tut und anständig beleuchtet, kann man damit sicher einen ganz netten Effekt erzeugen.
Na, das klingt doch super!!
Prima! Damit hat die Schülervertretung ihr Projekt!!
Wah!
ZIEH

Green Smoothies
Schokobananen
Aquarium
Bevor wir festlegen, wie wir die Aquarien anordnen, sollten wir uns erst mal die Goldfische anschauen ...
Wie stark muss wohl der Motor sein, damit das Wasser zirkuliert ...?
Dann gehen unsere Sekretäre wohl am besten gleich mal welche kaufen. Hopp, hopp!!
Jetzt hat er mir schon wieder geholfen ...
Wie ... Wir beide?!
Poch
Das schaff ich auch allein!
SCHOCK
Ich möchte aber, dass ihr mal schaut, was wir aus dem 100-Yen-Shop noch so gebrauchen könnten ...
Und zwar beide ... Klar?!
Ich hab's kapiert ...
Offenbar passt es ihm nicht, mit mir zusammen gehen zu müssen ...
Am besten halte ich ein bisschen Abstand zu ihm ...

Der 100-Yen-Shop, in dem ich die Fische gesehen hab, ist im Supermarkt bei mir am Bahnhof ...
Also eine Station vor meiner Haltestelle ...
Was?! Willst du etwa da lang?!
Aber das ist der Pärchenweg ...!
Der was?
Bahnhof Shinto
Bahnhof Takimiya
20 Min.
Unter 10 Min.
←Pärchenweg♡
Schule
Na ja, zum Bahnhof Shinto braucht man keine zehn Minuten.
Den 20-minütigen Weg nach Takimiya nehmen nur Pärchen in Kauf ...
... die auf dem Heimweg so viel Zeit wie möglich miteinander verbringen möchten. Deshalb wird die Straße »Pärchenweg« genannt!
Wen juckt's?! Ich fahr immer von da, weil es weniger kostet ...
Was? Aber das sind doch höchstens zehn Yen Unterschied ...
Dafür 20 Minuten gehen ...?
Oh!
Siehst du? Das Pärchen geht da lang ...!
Und sie halten direkt vor der Schule ganz unverhohlen Händchen!
Beneidenswert ...
Und dafür willst du dir auf Gokons einen Kerl angeln ...?

Das ist doch nur ein Weg, um Jungs kennenzulernen. Ist doch nicht schlimm ...
Und bei mir hat es doch auch ...
Blush
Schon gut ... Ist nicht wichtig.
So was Albernes ...
Beziehungen zwischen Teenagern gehen doch sowieso sofort wieder in die Brüche.

Heißt das, Nanase hatte schon mal eine Freundin?
Fast hätte ich ihn danach gefragt.
Heute hab ich eh nicht viel Zeit.
Also lass uns den kurzen Weg nehmen ...
Zum Glück hab ich es mir verkniffen.
Hm? Ist das etwa schon der Bahnhof?!
Das ging ja fix!
Sag ich doch!
Immerhin können wir endlich ein bisschen Zeit miteinander verbringen.
Waah! Wie süß!
Was es im 100-Yen-Shop nicht alles gibt!
Clear
Goldfisch-Set
100 Yen
Groß 5
Mittel 10
Klein 20
100 Yen PETIT
Aber sie haben nur eine Tüte. Wollen wir noch mal in einem anderen Laden gucken?
RATTER
Warte, vielleicht haben sie hier drin noch Nachschub.

Was?! Du kannst da doch nicht einfach aufmachen!
Warte doch! Ich rufe eine Verkäuf...
Entschuldigung!!
Du brauchst niemanden zu rufen ... Ich hab schon welche gefunden!
Nanu ?!
Das ist doch ...
... der kleine Kentaro Nanase!
Was machst du denn hier? Meintest du nicht, du fängst heute später an?
Was?! Wie bitte?! Jetzt sag nicht ...
Huch, du hast ja ein Mädchen dabei! Du wirst eben auch langsam erwachsen ...!
Patt Patt
W... Wir kaufen nur fürs Schulfest ein ...
Dann hat Nanase also nur deshalb nie Zeit nach dem Unterricht ...
... weil er ...

... in einem Supermarkt jobbt?!
Guten Tag!
Deshalb wolltest du mich also nicht dabeihaben.
Dabei musst du dich dafür nicht schämen.
Hör mal, Makino ...
Wisch dir gefälligst dieses dämliche Grinsen aus dem Gesicht!
GRINS
GRINS
Hm?
Dabei bin ich doch bloß froh, dass es nicht an mir lag ...
Aber ich bin echt überrascht!
Bei dir hätte ich eher auf eine dunkle Bar oder so getippt.
Ursprünglich hat meine Mutter hier gearbeitet.
Wo können denn bitte Schüler als Barkeeper jobben?!

Als mein Vater krank wurde und starb, konnte meine Mutter uns mit ihrem Nebenjob nicht mehr ernähren.
Also bin ich eingesprungen, als sie einen Vollzeitjob angenommen hat.
A... Ach so ...
Der Job hier hat sich einfach nur so ergeben ...
Ich hab ihn mir nicht ausgesucht.
Makino ...?
Tut mir leid ... Ohne zu wissen, was los ist, hab ich vorhin so was Blödes ...
»Was? Aber das sind doch höchstens zehn Yen Unterschied ...«
Genau wie bei Ririko und den Goldfischen ...
Ich hab wirklich ... kein Mitgefühl ...!

DONK
Im Ge-
genteil ...
Du hast
sogar zu viel
Mitgefühl.

Wenn du keins hättest, würdest du dir nicht alles so zu Herzen nehmen.
... erzähl bitte niemandem von meinem Job.
Blush
Das wär echt peinlich ...
Deshalb ...
Ist gut ... Ich sag nichts.
Warum sollte ich auch?

Immerhin haben Nanase und ich jetzt ein Geheimnis.
Nächstes Mal geh ich allein einkaufen!
Jetzt hör schon auf!
Takimiya-Schulfest
Noch 10 Tage
Oh!
Nanase, es ist schon nach fünf!
Uwah!
Mist!
Tapp
Tapp
Tapp
Sorry ... Ich versuch, so viel wie möglich zu Hause zu schaffen!
Klar, kein Problem!

Dein Partner macht sich immer gleich aus dem Staub, Makinon. Kommst du klar?
Keine Sorge. Er macht brav seine Hälfte der Arbeit zu Hause.
Dann ist ja gut!
übrigens ...
Könntet ihr euch auch um die Deko am Eingang kümmern?
Die Aquariengruppe tut sich leider ein bisschen schwer ... Sorry, dass ich euch noch mehr aufhalse.
Mist, die bewegen sich nicht ordentlich ...
Wah! Da läuft Wasser aus!
Okay, geht klar!
Denk dran, dir die Arbeit vernünftig mit Nanase aufzuteilen!
Ja!
Dabei scheint Nanase schon jetzt an seiner Grenze zu sein. Kann ich ihm da noch mehr zumuten?
...

miya-Schulfest
Noch 5 Tage
Makinon, wird es bei dir heute wieder so spät?
Es ist schon nach acht!
Ich mach das hier nur noch schnell fertig, dann gehe ich auch nach Hause.
Habt ihr die Arbeit auch wirklich gerecht verteilt?
Ich hab den Eindruck, du machst alles allein.
Das stimmt nicht …! Nanase macht seinen Teil immer ordentlich zu Hause!
Mach nicht mehr so lang!
KLAPP
I…
Ich werd einfach nicht fertig!!

Aber ich hab mich nun mal entschieden, das allein zu schaffen, also Augen zu und durch ...
Ähm ... noch die Schilder machen ...
... die Sterne und Goldfische aus Pappe ...
Oh, mein Material reicht nicht, also noch mal einkaufen ...
SCHWINDEL
Nanu ...?
Nanase?!
Oh, hallo!
Bist du heute nicht früher gegangen, weil du arbeiten musst?
Nein.
Heute stand was anderes hier in der Schule an ...
Macht ihr immer so lange? Eure Gruppe hat ganz schön viel zu tun.
Kann ich vielleicht bei irgendwas helfen ...?
Hä?!
Durch die Zusatzarbeit habt ihr doch auch alle Hände voll zu tun.

Die was ...?
¥100 Gekühlt
¥100 Gekühlt
BIEP
Yuka!
Ririko ...
Wir gehen schon mal vor, okay?
Nur eine kurze Pause ...
Gulp

Wow, du bist beliebt wie eh und je ...
Das Schulfest ist eine der seltenen Gelegenheiten, zusammen mit den Jungs in Gruppen zu sein.
Wenn wir uns jetzt nicht mit ihnen anfreunden, wann dann ...?
Darauf hattest du dich doch auch schon total gefreut, Yuka.
Zum Schulfest im November können wir mit einer Jungsklasse ein Team bilden!
Das ist die Chance, einen Freund zu finden! Ich kann's gar nicht erwarten!
Deshalb hilf lieber mehr beim Klassenprojekt mit.
Alle haben plötzlich einen Freund!
Stimmt ... Jetzt, wo du's sagst ...
Aber wir sind nur so wenig Leute im Schülerrat. Da schaffen wir die Arbeit kaum ...
Und außerdem ...
... bin ich gerade nicht auf der Suche nach einem Freund.
Wenn ich in letzter Zeit Pärchen sehe ...
... denke ich nicht mehr, dass ich unbedingt auch einen möchte.
Überhaupt war es ganz schön blöd von mir zu sagen, ich wolle mir einen Freund »angeln« ...

Man verliebt sich in jemanden ...
KLACK
... und wenn derjenige auch so empfindet ...
... dann wird dieser Jemand ...
... zu dem Menschen, den man ...
... als seinen festen Freund bezeichnet.

Oh ...! N...N... Nanase?!
Was machst du denn hier ...?!
Hattest du heute nicht irgendwas vor ...?
...
Ist er sauer ...?!
Sag mal ... Wieso erzählst du mir eigentlich nichts davon, dass wir noch Aufgaben dazubekommen haben?
Aquarium
Und du hast versucht, das alles allein zu machen?!
Na ja ... Das sah erst gar nicht so schwer aus, da dachte ich, das pack ich schon ...
Aber irgendwie hab ich das alles wohl ein bisschen unterschätzt ...
Nein ... Das ist nicht ganz richtig ...
Solche Lügen wollte ich mir doch abgewöhnen ...
Du scheinst mit deinem Job deinen Lebensunterhalt zu verdienen ...
... und ich hab eh zu viel Freizeit. Deshalb fand ich, dass ich den Hauptteil der Arbeit machen sollte ...
Freunde hab ich ja auch keine!!
Seufz

Das heißt, du bist meinetwegen jeden Tag bis spät in der Schule gewesen ...
Warum machst du denn so was?
Ich bin nur total erleichtert, dass dir allein im Dunkeln nichts passiert ist ...
Tut mir leid ... War das wieder irgendwie taktlos von mir ...?!
Nein!

...?!
Oh!
WUPP
Tapp Tapp Tapp
Setz
Wie weit bist du mit der Deko für den Eingang?
Was ?!
Ähm ... Nun ...
Was war das gerade ?!
Eine Halluzination?!
Knüll
Sorry ...
Was mache ich hier eigentlich ...?

So, wie ich mich aufführe, ist es hier mit mir zusammen ja noch gefährlicher für dich als ohne mich ...!
Aquarium
Vorhang
M...
Mach dir nichts draus!!
Ruck
Was war das denn?!
PRUST
Ich ... hab mir bis zum Schulfest von der Arbeit freigenommen, also mach dir keine Sorgen.
Zu zweit schaffen wir das auf jeden Fall.
Ja ...!

Fertig!!
Jaaa!!
Alles, was jetzt noch nicht fertig ist ...
... packen wir gemein-sam an!

akimiya-Schulfest
Noch 1 Tag
G...
G...
Ge-schafft!!
Kosmos-Aquarium
Kosmos-Aquarium
Wir haben was Groß-artiges auf die Beine gestellt!
Ein fantas-tisches Meis-terwerk!!
Jetzt müssen wir's nur noch ein-weihen!!
Stoßen wir darauf an ...!
Dann kaufe ich schnell was zu trinken.
Ich komm mit!
Ich hole Herrn Fuka-machi ...
Ach ja!
Und wehe, es ist wieder einer voreilig und macht schon vorher das Licht an!
Erst, wenn wir alle versammelt sind!
Ja, ja ...

Das haben wir ja gerade noch mal geschafft.
Ja, weil am Ende alle geholfen haben ...
Aber wenn ich bedenke, dass ich jetzt nicht mehr mit Nanase zusammen nach Hause gehen kann ...
... ist es schon ein bisschen schade ...
Maki-no ...
Blush
W... Was ist denn?
Los, komm rein! Das ist der totale Wahnsinn.
Wah!
H... Hast du etwa das Licht angemacht?!
Der Präsident hat doch gerade gesagt, wir sollen damit warten ...
Das Aquarium war deine Idee, also hast du auch das Recht, es dir zuerst anzuschauen.
Komm schon ...!

Waah!
Das ist ja unglaublich! Es sieht aus wie ein echtes Aquarium!!
Ich hätte nicht gedacht, dass man mit Spielzeugfischen so einen Effekt erzielen kann ...!
Nicht? Ich dachte, das wird garantiert toll.

Immerhin kenne ich nie-manden, der Goldfische mehr liebt als du.

Oh!
Äh ... meine Hand ...
Sorry ...
DRÜCK
Makino ...?
Immer wieder habe ich mich dabei ertappt, wie ich nach Nanase gesucht habe.
Wenn ich an ihn denke, schnürt es mir die Brust zu.
Wenn er mich berührt, spüre ich seine Wärme noch ewig danach.
Das ...
... kann doch nur heißen ...

Ich ...
... möchte deine Freundin werden, Nanase ...!
ATEMLOSE LIEBE 1 / ENDE

# Atemlose Liebe × CHiCO with HoneyWorks

Die Nummer 1 in Sachen Herzklopfen!

Kanan Minami

Eine traumhafte Zusammenarbeit!

**Wer sind eigentlich CHiCO with HoneyWorks?!**

Eine Band, die an den Highschools für Herzklopfen sorgt, weil die Schüler sich in ihrer Musik wiederfinden! Mit Videos im Shojo-Manga-Stil erobern sie sämtliche Teenager-Herzen im Sturm!

*Atemlose Liebe* hat die fünfte EP-Veröffentlichung von CHiCO with HoneyWorks, *Canelé & Wolf*, inspiriert!!
Lasst euch diese wundervolle Zusammenarbeit nicht entgehen!♥

Die *Sho-Comi*-Leserinnen sind sich einig: *Atemlose Liebe* und CHiCO Honeys Texte sorgen bei ihnen für heftigstes Herzklopfen!! Also wurde eine Zusammenarbeit der Künstler in die Wege geleitet. Die Lyrics der entstandenen Songs beziehen sich direkt auf die Handlung des Mangas. *Canelé* gibt dabei Yukas Sicht der Dinge wieder, während *Wolf* aus Kentaros Perspektive geschrieben ist. Wenn ihr die Musik hört und dazu den Manga lest, erfahrt ihr, wie es wirklich in Yukas und Kentaros Herzen aussieht!

Hintergrundinfos und Insidergeschichten findet ihr im Interview mit Kanan Minami und den Mitgliedern von CHiCO Honey auf Seite 176!

Kanan Minamis und CHiCO Honeys

# Grüße an die Leserinnen:

**Von Kanan Minami**

Als ich von der Kooperation mit CHiCO Honey erfuhr, war ich gleichzeitig überrascht und erfreut!

Und als ich schließlich die fertigen Songs Canelé und Wolf zum ersten Mal gehört habe, war ich zutiefst beeindruckt, wie perfekt sie zur Handlung von Atemlose Liebe passen ...!

Tempo und Melodien sind genau nach meinem Geschmack. Deshalb höre ich die CD jetzt immer, wenn ich am Manuskript arbeite. Außerdem ist es ein wahres Highlight, wie CHiCO-san den Gesang für Yuhas und Kentaros Versionen variiert!

Bitte hört euch alle die Songs an ...!

M. Kanan

**Von CHiCO Honey**

Die CD zu Atemlose Liebe

Viel Spaß mit Canelé und Wolf!!

CHiCO with HoneyWorks

HoneyWorks

◀Shito (Lyrics & Musik)

◀Gom (Lyrics & Musik)

◀Yamako (Zeichnungen)

Das Interview zur Zusammenarbeit!!

# Kanan Minami

×

# CHiCO with HoneyWorks

CHiCO

Shito

Gom

## Das Interview

Wie sind die Singles *Canelé* und *Wolf*, die von *Atemlose Liebe* inspiriert wurden, entstanden?! Wir haben nachgefragt und den Künstlern das eine oder andere Geheimnis entlockt!!

**An die Mitglieder von CHiCO Honey: Wie habt ihr die Songs geschrieben, nachdem ihr *Atemlose Liebe* gelesen hattet?**

**Shito** (nachfolgend Ⓢ): Ich fand die Geschichte ganz einfach spannend und wollte unbedingt wissen, wie sie weitergeht!! **Im Text von *Wolf*** haben wir ja Kentaros Gefühle thematisiert. Hierfür haben Gom und ich uns überlegt, was wohl in Kentaros Kopf vorgeht. Im Manga gibt es ja zahlreiche Andeutungen und Stellen, wo man aus ihm nicht so ganz schlau wird.

**Gom** (nachfolgend Ⓖ): Wir haben uns über diverse Aspekte unterhalten und unserer Fantasie freien Lauf gelassen. (*lach*)

## Die Verbindung zwischen den Singles und *Atemlose Liebe!*

Das Ende des ersten Kapitels, das CHiCO so schockiert hat. Wie hat Kentaro das nur gemeint ...?!

**CHiCO** (nachfolgend Ⓒ): Als ich zum ersten Mal die Demoversion von *Wolf* hörte, hatte ich gerade das erste Kapitel von *Atemlose Liebe* gelesen. Ich erinnere mich noch, **wie überrascht ich war, dass Kentaro am Ende sagt: »Der will ich echt nicht noch mal begegnen ...« (*lach*)**

Ⓢ: Diese Szene, in der Kentaro in Kapitel 1 telefoniert, hat mich auch überrascht. Ich hab mich gefragt: »Was geht denn da vor?«

**Kanan Minami** (nachfolgend Ⓜ): Vielen Dank. Ich denke, als Teenager gibt es außer dem Wunsch, mit dem Jungen zusammenzukommen, den man liebt, auch noch den simpleren **Wunsch nach einem Freund.** Man sucht sich Freunde, durch die man populärer wird, kleidet sich entsprechend und so weiter. Als ich darüber nachdachte, **was für einen Jungen ein Mädchen mit wenig Persönlichkeit wie Yuka wohl braucht,** kam ich auf Kentaro.

S: Für die Lyrics haben wir uns ebenfalls **von diesen Vorgaben inspirieren lassen.** In *Wolf* wollten wir einen coolen, unabhängigen Jungen darstellen, **deshalb klingt der Text etwas bissig.**

G: Wir haben auch **eher negative Seiten** von ihm aufgegriffen und den Lyrics **einen etwas eigentümlichen Charakter verpasst.**

M: Ich habe mich wirklich sehr darüber gefreut, dass ihr euch für den Songtext so mit Kentaros Persönlichkeit auseinandergesetzt habt. Und in *Canelé* geht es ja um Süßigkeiten. Wie kamt ihr denn ausgerechnet auf diesen Titel?

G: Süßigkeiten erinnern doch ein wenig an das weiche, unschuldige Bild, das man mit jungen Mädchen verbindet. Und wir fanden, v* treffen da genau die richtige Nuance.

S: Beim Schreiben der Lyrics haben wir die Namen von allen möglichen Süßigkeiten aneinandergereiht! (*lach*)

G: Da *Wolf* zuerst fertig war, dachten wir uns, **dass der Schriftzug auf dem Cover bestimmt am besten aussieht, wenn der Titel des zweiten Songs ebenfalls aus drei Schriftzeichen besteht.** (*lach*)

M: Der Text ist auch so süß. Ich dachte, dass **die Stelle mit »Baiser-Schaum« sich womöglich auf das Zeichen für Schaum im japanischen Titel** bezieht.

G: Ja, das war in der Tat Absicht.

Auf der Farbillustration zum Kapitel in der CHiCO-Honey-Ausgabe der *Sho-Comi* ist ein Canelé abgebildet. Toll, wie das Bild das Thema des Songs aufgreift!

*kleine Kuchen in Gugelhupfform mit Karamellkruste sowie Vanille- und Rumaromen aus Frankreich

## Die Charaktere in *Canelé* und *Wolf*

**C**: Die Art, wie ich *Wolf* singe, soll **den Moment während des Telefonats auf dem Sommerfest widerspiegeln, in dem sich unser Eindruck von Kentaro schlagartig ändert.** Dies tue ich zum Beispiel, indem ich manche Stellen so singe, als würde ich vor mich hin flüstern, andere wiederum so, als würde ich die Worte ausspucken. Auf diese Weise versuche ich, **einen Kontrast zu erzeugen.**

**M**: Ich mag die Stelle, wo du singst: **»Ich hasse dich!« Diese Worte hört man nur selten in einem Song.** Sie passen zu Kentaro, und durch die Art, wie du sie singst, wird man förmlich mitgerissen.

**C**: **Ich habe mir Wort für Wort überlegt,** was ich jeweils ausdrücken möchte. Das erste »Ich hasse dich!« soll Feindschaft zum Ausdruck bringen, beim zweiten Mal hingegen klingen die ersten zwei Silben feindselig, während ich die restlichen Silben ein wenig versöhnlicher singe.

**M**: Darauf muss ich beim nächsten Mal achten!

**C**: *Canelé* wiederum habe ich versucht, nicht allzu süß zu singen, sondern **mit einer erwachseneren Stimme.**

Dies sind die Covervorschläge für die Atemlose Liebe-Version der Single. So viele gab es nämlich!

**G**: »Erwachsen« bedeutet in diesem Fall, dass ich versuchen wollte, **CHiCOs natürlich schöne Stimme** aufzunehmen. Mir persönlich war es wichtig, dass der Song nicht zu sweet klingt.

**C**: Am schwersten zu singen war der Teil, in dem die ganzen Süßigkeiten aufgezählt werden, **die Süßigkeiten-Parade!** (*lach*)

**Wie ist denn die Musik entstanden?**

**S**: Für Komposition und Arrangement sind wir beide, Gom und ich, zuständig. **Ich habe *Wolf* geschrieben, Gom *Canelé*.** Wenn die Musik fertig ist, **schreiben wir zusammen den Text**. Das Thema gibt derjenige vor, der die Musik geschrieben hat. Wir schreiben Worte auf, die wir mögen oder die wir für besonders ausdrucksstark halten ...

**G**: Oft kommt es vor, **dass der jeweils andere die besseren Worte findet**. Wir nehmen eigentlich regelmäßig lieber die Worte des anderen.

**S**: Bei den Melodien legen wir Wert darauf, dass sie schon beim ersten Hören im Ohr bleiben und **so eingängig sind, dass man sie direkt vor sich hin summen könnte.**

**Was macht die Anziehungskraft von CHiCO Honey aus, die sogar Kanan Minami in ihren Bann zieht?**

**M**: Als ich zum ersten Mal Songs von CHiCO Honey gehört habe, haben sie mich **an meine Teenagerzeit erinnert**. Mir gefielen das schnelle Tempo und die große tonale Bandbreite. Ich mochte die Band sofort. Außerdem hat CHiCO-san eine unglaublich variable Stimme, **von süß bis cool ist alles dabei!** Und ich habe mich wahnsinnig darüber gefreut, dass CHiCO Honey für unsere Zusammenarbeit Songs geschrieben haben, **mit denen man geradezu in die Welt von *Atemlose Liebe* eintauchen kann.**

**C**: Ich bin wirklich wahnsinnig erleichtert, dass Sie das sagen!!

**Wie können wir die beiden Songs denn am besten genießen?**

**C**: Da ich beim Singen versucht habe, die Nuancen der Charaktere zum Ausdruck zu bringen, würde ich mich freuen, wenn ihr euch beim Hören der Lieder fragen würdet, **ob die Songs bei euch einen ähnlichen Eindruck vermitteln wie der Manga**, oder womöglich auch nicht. Ich würde mir wünschen, **dass ihr tief in die Welten des Mangas und der Musik eintaucht und Spaß dabei habt.**

M: Die Songs sind völlig verschieden, dennoch spiegeln sie beide die Welt von *Atemlose Liebe* wider. Aber natürlich sollt ihr sie auch dann hören, wenn ihr den Manga gerade nicht lest! Auch bei mir werden sie auf jeden Fall weiterhin laufen, während ich an der Fortsetzung von *Atemlose Liebe* arbeite.

S: Nehmt beim Hören der Songs den Manga hinzu, denkt über die Bedeutung der Lyrics nach und freut euch, wenn ihr in ihnen Worte aus dem Manga entdeckt!

M: Man kann auch direkt nach Szenen oder Zitaten aus dem Manga Ausschau halten!

G: Bei *Canelé* würde ich mich darüber freuen, wenn ihr den Teil, in dem die Süßigkeiten aufgezählt werden, rauf und runter spielt, denn der macht richtig Laune. Ich hoffe, dass ihr süchtig danach werdet!

Tausend Dank an: ♥

Chiyuki Muneda

Rieko Hagiwara — Yuka Sugawara

Yui Watami — Mika Shimoda

Kyoko Yamada — Mika Yamakawa

Erika Wada — Shiori Machida

Die Omiya-Highschool für die Unterstützung bei meinen Recherchen

Meine Redakteurin Frau Seki — Kaori Kuroki (Grafik und Design)

Die Redaktion von Sho-Comi

Meine Eltern und meine Familie

Alle, die beim Verkauf mitgewirkt haben

Meine Leserinnen

Auf ein Wiedersehen in Band 2!! See you! ♥

## Profil Kanan Minami

- Geboren am 12. November, Sternzeichen Skorpion, Blutgruppe AB. Stammt aus der Präfektur Saitama.
- Veröffentlichte 1999 ihre erste Geschichte *Mi no aru »Kanojo«* in der Sonderedition der *Shojo Comic* vom 15. August.
- Ist heute eine der wichtigsten Autoren von *Sho-Comi*!

# Atemlose Liebe

TOKYOPOP GmbH
Hamburg

TOKYOPOP
1. Auflage, 2018
Deutsche Ausgabe/German Edition

Aus dem Japanischen von Anne Klink

AWA-KOI 1 by Kanan MINAMI

Original Japanese edition published by SHOGAKUKAN.
German translation rights arranged with SHOGAKUKAN
through The Kashima Agency.

Redaktion: Steffi Korda und Alexandra Schöner
Lettering: Vibrraant Publishing Studio
Herstellung: Jacqueline Bradtke
Druck und buchbinderische Verarbeitung:
CPI–Clausen & Bosse GmbH, Leck
Printed in Germany



ISBN 978-3-8420-4321-3

**www.tokyopop.de**

# 3, 2, 1 ... LIEBE!

## Kanan Minami

**Der lange Weg zum Glück ...**

Tsubaki ist blitzgescheit und ehrgeizig, wirkt mit ihren langen Zöpfen aber eher wie ein Landei. Als sie auf die Highschool kommt, entpuppt sich ihr Tischnachbar Kyota Tsubaki als der Klassenprimus, allerdings ist sein Verhalten alles andere als musterhaft. Doch so schnell lässt sich Tsubaki von seinen dummen Sprüchen nicht unterbuttern, auch nicht, als er sie unvermittelt küsst! Ist das etwa der Startschuss für eine große Liebe?

# STOPP!

**Dies ist die letzte Seite des Buches!
Du willst dir doch nicht den Spaß verderben
und das Ende zuerst lesen, oder?**

Um die Geschichte unverfälscht und originalgetreu mitverfolgen zu können, musst du es wie die Japaner machen und von rechts nach links lesen. Deshalb schnell das Buch umdrehen und loslegen!

## So geht's:

Wenn dies das erste Mal sein sollte, dass du einen Manga in den Händen hältst, kann dir die Grafik helfen, dich zurechtzufinden: Fang einfach oben rechts an zu lesen und arbeite dich nach unten links vor. Viel Spaß dabei wünscht dir TOKYOPOP®!